Georg Schildhammer

Glück

facultas.wuv

Georg Schildhammer, Mag. Dr., freier Journalist, Philosoph und Autor, lebt und arbeitet in Wien.

Mein Dank gilt Sabine Kruse von facultas.wuv für ihre kompetente und sympathische Betreuung, meinem Lektor Andreas Deppe für seinen präzisen Blick und sein sprachliches Feingefühl sowie Konrad Paul Liessmann für die Chance, mein Glück mit dem „Glück" versuchen zu dürfen. *G. S.*

Bibliografische Information Der Deutschen Nationalbibliothek
Die Deutsche Nationalbibliothek verzeichnet diese Publikation
in der Deutschen Nationalbibliografie;
detaillierte bibliografische Daten sind im Internet über
http://d-nb.de abrufbar.

1. Auflage 2009

Reihenkonzept und Umschlagentwurf: Alexandra Brand
Umschlagumsetzung: Atelier Reichert Stuttgart
Satz: Ekke Wolf, typic.at
Druck: Druckerei Pustet, Regensburg
Printed in Germany

ISBN 978-3-8252-3236-8

Inhalt

Warum Glück?

Glück im Profil

Anhang

Für meine Mädels und Jungs.
Glücklich, wer solche Freunde hat!

Warum Glück?

Vom Suchen, Finden, Verlieren und Wiederentdecken des Glücks

„Der Mensch strebt *nicht* nach Glück; nur der Engländer thut das" (Nietzsche 1988, 6, 91). Dass Friedrich Nietzsche (1844–1900) mit diesem Bonmot aus seiner „Götzen-Dämmerung" eine aus anthropologischer Sicht korrekte Beobachtung wiedergab, ist zu bezweifeln. Seine Anspielung auf die Vertreter des klassischen Utilitarismus, die das Glück des Menschen in den Mittelpunkt ihrer Philosophie stellten, macht diese Behauptung nicht wahrer. Selbst der kritische – der vorkritische sah dies noch ein wenig anders – Immanuel Kant (1724–1804), der die Ethik befreien wollte von jedem irrationalen Beiwerk, zu dem er neben religiösen Autoritäten vor allem die Gefühle zählte, erkannte die Bedeutung der Glückseligkeit. Wenn Kant auch für das Suchen des ichbezogenen Glücks in seiner Moralphilosophie keinen Platz fand und das Erreichen desselben aus eigener Kraft, zumindest im Diesseits, für unmöglich hielt – die Beförderung des Glücks der Anderen noch zu deren Lebzeiten war ihm durchaus genehm.

Das Streben nach Glückseligkeit als letztem Ziel ist kein Privileg der Utilitaristen, sondern ein universaler menschlicher Anspruch, wie bereits Aristoteles (384–322 v. Chr.), dessen Philosophie der klassische Philologe Nietzsche selbstverständlich kannte, in seiner „Nikomachischen Ethik" diagnostizierte: „Denn das Glück wählen wir stets um seiner selbst willen und niemals zu einem darüber hinausliegenden Zweck" (Aristoteles 1992, 15). Die ständig wachsende Flut populärwissenschaftlicher Ratgeber mit mehr oder weniger brauchbarem Inhalt bestätigt diesen Befund. Bei all den jährlichen Buch-Neuerscheinungen über das „Glück" könnte man ins Staunen darüber geraten, dass kaum jemand auf die Frage „Bist du glücklich?" eine positive Antwort zu geben bereit ist. Wenn man die Freiheit des modernen Menschen in Europa und seine schier unendliche Vielfalt an Möglichkeiten in Augenschein nimmt, muss diese Tatsache beinahe unglücklich machen. Mag sein, dass die große Zahl an Varianten, unser Leben zu führen, uns überfordert. In diesem Fall wäre eine philosophisch angeleitete Bedürfnisökonomie, die uns die Auswahl und zugleich den Verzicht auf manch künstlich erzeugten Wunsch erleichtert, hoch an der Zeit. Vielleicht wissen bloß die wenigsten von uns, was es bedeutet, glücklich zu sein, obwohl wir es schon längst sind – oder kurz davor stehen, es zu werden! Auch in diesem Fall wäre philosophische Aufklärung darüber, was „Glück" ist oder sein kann, sinnvoll und notwendig wie nie zuvor.

Was die Menschen jeweils unter „Glück" verstehen und wie sie glauben, es erreichen zu können, unterliegt einem Wandel. Der Glücksbegriff der Antike ist ein anderer als jener des Mittelalters, der wiederum nicht mit dem der Neuzeit übereinstimmt. Dies überrascht genauso wenig wie die Erkenntnis, dass „Glück" selbst innerhalb einer Epoche, und dort sogar unter den Mitgliedern eines Kulturkreises, individuell verschieden definiert wird. „Aber was das Wesen des Glückes sei, darüber ist man unsicher, und die Antwort der Menge lautet anders als die des Denkers" (Aristoteles 1992, 8). Dass für Aristoteles, der sich den Luxus des Philosophierens leisten konnte, „Glück", wie wir noch sehen werden, eine etwas andere Bedeutung trug als für die große Masse, die der Mühsal der täglichen Arbeit unterworfen war, ist kaum verwunderlich: „Die Menge stellt sich etwas Handgreifliches und Augenfälliges darunter vor, z. B. Lust, Wohlstand, Ehre: jeder etwas anderes" (Aristoteles 1992, 8).

Dennoch finden irgendwann die Eliten und der Mann von der Straße zusammen, spätestens dann, wenn es hart auf hart kommt. Dann kann sich das, was jeder von uns unter „Glück" versteht, von einem Augenblick zum nächsten wandeln, dann nähern sich die differenten Vorstellungen vom „Glück" einem kleinsten gemeinsamen Nenner: „Bisweilen wechselt sogar ein und derselbe Mensch seine Meinung: wird er krank, so sieht er das Glück in der Gesundheit, ist er arm, dann im Reichtum" (Aristoteles 1992, 8). Es gibt, so scheint es, Konstituenzien des Glücks, die, unbesehen der individuellen Vorlieben und Lebensweisen, für jeden Menschen unverzichtbar sind. Dass etwa Gesundheit oder zumindest Schmerzfreiheit, ein gewisser Besitz, der das Überleben sichert, ein Dach über dem Kopf, Kleider, der Zugang zu Nahrung und Wasser notwendige Bedingungen für das Glück sind, ist kaum zu bezweifeln. Ob diese Elemente des (Über-)Lebens aber hinreichen, um glücklich zu sein, an dieser Frage scheiden sich die Geister.

Denn jeder versteht wohl etwas anderes unter seinem ganz persönlichen Glück und wird dessen Geschmack und Zutaten, je nach Charakter, bescheidener oder luxuriöser ausbuchstabieren. Das Glück mag sogar manchmal, zumindest teilweise, vollkommen unabhängig sein von anderen Menschen. Wer gut isst, einen edlen Wein trinkt, bewegende Musik von seinem MP3-Player hört oder im Rausch künstlerischer Betätigung ganz in dieser aufgeht und mit seinem Kunstwerk verschmilzt, mag für ein paar Augenblicke glücklich sein. Er wird dazu keinen einzigen Gedanken an andere verschwenden müssen, obwohl vieles von dem, was man alleine genießt, auch zu zweit recht gut genossen werden kann. Die Tatsache, dass all jene Glücksmomente, zumindest in der Herstellung ihrer Bedingungen, auf andere Menschen verweisen – Essen und Wein auf Koch und Winzer, Musik auf Komponisten und Musiker, Künstlerzubehör auf die in der Produktion dieser Mittel Tätigen –, trifft zwar zu. Für das Glücksempfinden bei ihrem einsamen Konsum spielt das aber keine Rolle. Wer Macht, Reichtum, Karriere oder Berühmtheit als Vehikel zum eigenen Glück anvisiert (Pieper 2001), benötigt auch Andere, aber nur, um sie als Untergebene, Konsumenten, Arbeiter oder Fans zu instrumentalisieren und sich dadurch zugleich von ihnen zu distanzieren.

Manch einer sucht das Glück bei einem zweiten Menschen, einem „Du", ersetzt die Vertikale des instrumentellen Missbrauchs Anderer durch eine waagrechte Beziehung wechselseitigen Gebens und Nehmens. Man findet oder erfindet plötzlich Gemeinsamkeiten, um einander gegenseitig, und dadurch indirekt wiederum sich selbst, glücklich zu machen. So entwickeln beispielsweise Paare bestimmte Rituale, wie das gemeinsame ausgedehnte Sonntagsfrühstück im Bett, oder legen Codes fest, etwa „ihr" Lied, bei dessen Hören an jedem beliebigen Ort der Welt sich der Pawlow'sche Reflex meldet und – statt zu Speichelfluss – zur Ausschüttung von Glückshormonen führt, die in trauter Zweisamkeit genossen werden. Dass sich die Gemeinsamkeiten leider oft als zu gering oder als bloße Konstrukte unbewusst-absichtlichen Verleugnens von Differenzen herausstellen, um des – doch wieder nur ausbeuterischen – Genießens bestimmter Merkmale des Anderen willen, das kommt erst später schmerzvoll zu Bewusstsein. Im Jahr 2008 betrug die Gesamtscheidungsrate in Österreich laut Statistik Austria (www.statistik.at) 47,76 Prozent. Das heißt, dass knapp die Hälfte aller Ehen, die in diesem Jahr geschlossen wurden, bei unverändertem Scheidungsverhalten wieder in die Brüche gehen. Vielleicht aber besteht das Glück des heutigen Menschen gerade in seiner Ungebundenheit?

Dass das Liebesglück von zwei Menschen problemlos mit dem Unglück eines Dritten einhergehen kann, weiß jeder Betrogene. Und dass die Liebe von Romeo und Julia, wäre sie erfüllt worden, die Familien Montague und Capulet ins Unglück gestürzt hätte, dürfen wir, um der Logik der Geschichte willen, annehmen. Umso tragischer, dass die Fehde erst am Schluss des Shakespeare-Dramas durch den Tod der beiden Protagonisten beendet wird. Als Glück im Unglück lässt sich diese unerwartete Wende wohl nur „sub specie aeternitatis" interpretieren.

Wenn jemandem daran liegt, seine Mitmenschen glücklich zu sehen, oder er sich zumindest vorstellt, wie sie glücklich sein könnten oder in Zukunft sein werden, nähern sich heterogene Glücksvorstellungen manchmal einander an. Nicht in jedem Fall ist es von Bedeutung, ob man das Glück des Anderen persönlich erlebt oder bloß an der Vorfreude darüber glücklich wird. Als Goethes Faust im zweiten Teil der Tragödie endlich sein eitles Streben nach Selbstbefriedigung überwunden hat, kann er sich zuletzt am Glück Anderer erfreuen, was auch ihm zugute kommt: „Im Vorgefühl von solchem hohen Glück / Genieß ich jetzt den höchsten Augenblick"; jedoch ganz uneigennützig ist Fausts Freude in diesem Moment nicht, denn zumindest auf den Ruhm der Nachwelt will er nicht verzichten: „Es kann die Spur von meinen Erdentagen / Nicht in Äonen untergehn" (Goethe 1998, 420). Dennoch kann er zu diesem Zeitpunkt nicht voraussehen, dass seine Seele später gerettet wird. Der Faust, der den Pakt mit dem Teufel schließt, weiß um die Alternative ewiger Seligkeit, schlägt diese aber aus und zieht das künftige Glück der Anderen der Rettung vor dem eigenen Untergang vor. Ein nahezu selbstloses Opfer des eigenen Lebens zugunsten der Glückseligkeit nachfolgender Generationen.

Dass es aber auch ganz anders geht, dass manche Menschen das eigene Glück so sehr über jenes Anderer reihen können, dass deren Schädigung, die Zerstörung ihres Glücks oder sogar die Vernichtung ihres Lebens bewusst in Kauf genommen oder absichtlich herbeigeführt wird, bewies der 11. September 2001. Die 19 Attentäter waren, so müssen wir annehmen, glücklich im Augenblick der Vernichtung ihrer Feinde und ihrer selbst – jedoch nur in Erwartung ewiger Glückseligkeit post mortem. Dies lässt sich der „Geistlichen Anleitung" entnehmen, jenem handschriftlichen arabischen Text, den die Ermittler im Gepäck von Mohammed Atta fanden: „Sei heiter, denn zwischen dir und deiner Hochzeit liegen nur wenige Augenblicke, mit denen das glückselige, gottgefällige Leben und die ewige Gnade mit den Propheten, den Rechtschaffenen, den Märtyrern und den Frommen beginnt" (Kippenberg / Seidensticker 2004, 18).

Dass es nicht immer die großen Taten sein müssen, die dem Einzelnen in Erwartung seines „Lohns" vorab Glück bereiten – sei es zur Erlangung ewiger Freuden im Jenseits, sei es zu unsterblichem Nachruhm auf Erden –, das zeigt der atheistische französische Existenzialist und Schriftsteller Albert Camus (1913–1960) in seinem Essay „Hochzeit in Tipasa". Selbst im Wissen um die Absurdität der menschlichen Existenz, um ihre Verletzlichkeit und zeitliche Begrenztheit, ja, gerade ihr zum Trotz, ist er zu intensiven Ausbrüchen des Glücks fähig. Ganz ohne künstliche Mittel berauscht er sich an der Sinnlichkeit des Diesseits: „Denn schon nach wenigen Schritten überwältigt uns der Duft der Wermutbüsche. Ihre graue Wolle bedeckt die Ruinen, so weit das Auge reicht. Ihr Saft gärt in der Hitze und verbreitet über das ganze Land einen Duftäther, der zur Sonne steigt und den Himmel schwanken macht. Wir gehen der Liebe und der Lust entgegen. Wir suchen weder Belehrung noch die bittere Weisheit der Größe" (Camus 2000, 10). Camus ist sich der eigenen Vergänglichkeit bewusst, er will sie nicht leugnen und auch nicht vor ihr in eine imaginierte jenseitige Glückseligkeit fliehen: „Wenn ich mich jetzt gleich in die Wermutbüsche werfe und ihr Duft meinen Körper durchdringt, so werde ich bewusst und gegen alle Vorurteile eine Wahrheit bekennen: die Wahrheit der Sonne, die auch die Wahrheit meines Todes sein wird" (Camus 2000, 12). Weit entfernt davon, ein „hohes Ziel" zu verfolgen, holt Camus das Glück auf den Boden des Hier und Jetzt zurück, nicht, ohne den spielerischen, zur Selbstdistanzierung fähigen Charakter der menschlichen Existenz einzufordern, der – vielleicht – der wahre Schlüssel zum Glück im Angesicht der eigenen Vergänglichkeit ist: „Und eben dies empfand ich: ich hatte meine Rolle gut gespielt. Ich hatte meine Menschenpflicht getan und hatte einen ganzen langen Tag in Freude verbracht; und war mir so auch nichts Ungewöhnliches gelungen, ich hatte doch ergriffenen Herzens jenem Lebenssinn gehorcht, der uns bisweilen befiehlt, glücklich zu sein" (Camus 2000, 15).

Wenn mit zunehmendem Alter die aktive Selbstverwirklichung auf dem Weg zum Glück ihren Variantenreichtum einbüßt, bleibt meist nur mehr der Blick zurück. In der Erinnerung an glücklichere Tage – oder wenigstens Momente, Augenblicke des Glücks – können der eigene Verfall und das Abschiednehmen vom Leben gemildert werden. Auch das Umgekehrte trifft zu: dass das gezielte, ja, sogar verordnete Vergessen der Vergangenheit, wenn schon nicht zum Glück, so doch zur Vermeidung der Perpetuierung von Unglück dienen kann. Der deutsche Althistoriker Christian Meier (1996) führt in seinem Essay „Erinnern – Verdrängen – Vergessen" mehrere Beispiele aus der Geschichte an: die Attische Amnestie 403 v. Chr., die einen Bürgerkrieg beendete; eine Rede Ciceros zwei Tage nach der Ermordung Caesars, um einen ebensolchen zu verhindern; das Edikt von Nantes; den Westfälischen Frieden; schließlich ein Gesetz Ludwigs XVIII., das anordnete, die Königsmörder, also jene, die seinen Bruder Ludwig XVI. unters Fallbeil der Französischen Revolution brachten, zu vergessen.

Lässt sich „Glück" lehren? Kann man lernen, glücklich zu sein? Wenn dem so ist, dann müssten die entsprechenden Maßnahmen wohl möglichst früh, sprich: im Kindesalter ansetzen. Tatsächlich gibt es bereits erste Versuche, „Glück" den Erwachsenen von morgen in institutionalisierter Form zu vermitteln (Fritz-Schubert 2009). An der Willy-Hellpach-Schule in Heidelberg, im deutschen Baden-Württemberg, wird seit dem Unterrichtsjahr 2007/08 das Fach „Glück" angeboten. „Mit dem Unterrichtsfach ‚Glück' wird der Versuch unternommen, den Schülern Bildung im ursprünglichen Sinn zu vermitteln. Ziel ist die Förderung von persönlicher Zufriedenheit, Selbstsicherheit, Selbstverantwortung und sozialer Verantwortung" (www.whs.hd.bw.schule.de). Im Herbst 2009 zieht das österreichische Bundesland Steiermark nach. Sechs Bildungseinrichtungen, von der Volksschule bis zur Höheren Technischen Lehranstalt, bieten ein modulares System mit insgesamt je 36 Stunden pro Jahr an. Der Unterricht umfasst die Bereiche „psychosoziale Gesundheit", „Ernährung", „Bewegung" sowie „Körper als Ausdrucksmittel" und soll nicht nur die eigene Fähigkeit zum Glück fördern, sondern auch dabei helfen, das in Gemeinschaft mit Anderen zu erreichende und gemeinsam erlebte Glück zu gestalten. Ob die solcherart zum Glück erzogenen Menschen und mit ihnen die Gesellschaft dadurch glücklicher werden? Die Zukunft wird es weisen.

Bei aller Rede von der scheinbaren Machbarkeit individuellen und kollektiven Glücks: Ein Rest an Unvorhersagbarem, Unberechenbarem durchkreuzt jeden noch so ausgetüftelten Plan, das Glück zu erlangen und zu bewahren. Der Zufall, für uns moderne, naturwissenschaftlich gebildete Menschen in der profanen Gestalt von Quantenphänomenen und Chaos, schlägt unerbittlich zu, auch wenn wir glauben oder wenigstens hoffen, ihm ein Schnippchen schlagen zu können. Selbst in Zeiten globaler Wirtschaftskrisen oder gerade wegen der allgemein trüben Aussichten wollen die Menschen die Hoffnung auf das große Glück nicht aufgeben. Es scheint, sie lieben das Glück – und das Glücksspiel:

Die Österreichischen Lotterien machten laut ihrem Geschäftsbericht (www.lotterien.at) im Jahr 2008 einen Umsatz von 2 378,04 Mio. Euro – und das, obwohl die Chancen auf den großen Gewinn denkbar klein sind. Bei einem der beliebtesten Spiele im Portfolio der Lotterien, dem „Lotto 6 aus 45", ist die Wahrscheinlichkeit, den Sechser zu knacken, 1 : 8 145 060, und zwar bei jeder Runde von Neuem. Dass es anscheinend trotzdem viele Spieler gibt, die glauben, aus der Häufigkeit der bisher gezogenen Zahlen etwas über die künftigen Ziehungen ableiten zu können, ist nicht weiter verwunderlich. Der „Glaube ans Glück" ist allem Anschein nach ein ebenso fixer, unzerstörbarer Bestandteil des Menschen wie sein Streben danach.

Glück im Profil

1

Das profanisierte Glück: Aberglaube, Volksmund, Märchen und Verwandtes

In Sprüchen der Volksweisheit, aber auch in Märchen und Mythen finden man das Glück, zumindest so, wie es sich nicht nur die einfachen Menschen vorstellen. Sie sind es auch, die in verschiedenen Formen des Aberglaubens numinose Mächte befragen und zu beeinflussen versuchen. Weissagungstechniken, etwa der Vogelflug, sollen über die Zukunft, über Wohl und Wehe Auskunft geben. Glücksbringer, zum Beispiel Amulette, aber auch die Opferung von Tieren oder lebenswichtigen Gegenständen, dienen dazu, Götter, Dämonen oder das Schicksal zugunsten der Menschen zu beeinflussen. Der vorphilosophische Glücksbegriff klammert sich noch vorwiegend an materielle Güter. Glücklich ist der, welcher reich, mächtig, gesund ist und sich über eine Vielzahl an Kindern freuen darf. Aber dieses Glück ist wankelmütig, ist es doch mehr den Launen des Zufalls ausgeliefert, als auf dem festen Boden des eigenen Bemühens zu ruhen. Und so bricht das abergläubische vor- und außerphilosophische Zufallsglück unter der Last zusammen, welche die Menschen ihm aufladen wollen, und macht den Weg frei für einen reflektierten Begriff, der Glück als eine das gesamte Leben umfassende Gestalt zu benennen versucht.

Zähmung durch Ritus und Kultus: Weissagungen, Opfer

In der Antike war der Umgang der Menschen mit dem „Glück" ein doppelter: Einerseits versuchte man, das Schicksal aktiv zu seinen Gunsten zu beeinflussen, indem man Götter und andere numinose Mächte durch Opfer gnädig stimmte. Diese auf Veränderung der eigenen Lebenssituation abzielende Handlungsweise kann als magisch bezeichnet werden. Sie ist eine primitivere, wahrscheinlich bereits in früheren Zeiten entstandene Form der Interaktion mit einer von Dämonen und Naturgeistern belebten Welt (Gloy 1995, 30ff.). Die übernatürlichen Mächte wurden dabei entweder um etwas gebeten oder man bedankte sich bei ihnen, etwa für erfolgreiche Kriegszüge, Jagden und Ernten.

Als Opfergaben dienten Gegenstände, die den Menschen wertvoll erschienen, weil sie für ihr Überleben notwendig waren. Unblutige Opfer umfassten zum Beispiel Früchte, Honig, Öl, Milch, ganze Speisen oder Wein. Zu den blutigen Opfern zählten Schweine, Rinder, Schafe, Fische sowie Tiere, die für bestimmte Götter typisch waren, etwa Hunde für Hekate, Pferde für Poseidon und Hähne für Asklepios (Irmscher 1999, 413). Die Tiere wurden getötet und anschließend verbrannt, vergraben oder, um die Götter der Unterwelt zu beschwören, versenkt. Weiters gab es Rauchopfer, bei denen vor allem Zimt, Weihrauch und Myrrhe verbrannt wurden (Irmscher 1999, 487), sowie Trankopfer, bei welchen unter anderem Wein, Wasser, Milch oder Öl auf die brennenden Opfertiere gegossen oder einfach verschüttet wurde (Irmscher 1999, 602). Einen Beleg für diese Praktik bietet Platons „Phaidon", wo Sokrates kurz vor Trinken des Schierlingsbechers den Knaben, der das Gift reicht, fragt, ob es erlaubt sei, ein Trankopfer darzubringen: „Was meinst du von dem Trank wegen einer Spendung? Darf man eine machen oder nicht?" (Platon 1991, IV, 345). Sokrates will damit für eine gute Reise seiner Seele ins Jenseits sorgen.

Andererseits bedienten sich die Menschen in der Antike diverser Techniken der Vorhersage bzw. Interpretation himmlischer Zeichen und befragten die Götter, um das für sie vorherbestimmte Schicksal zu erfahren. Das detaillierte Wissen über die Zukunft blieb lange Zeit den Göttern vorbehalten. Es wurden daher keine, wie wir heute sagen würden, „offenen" („Was wird die Zukunft bringen?"), sondern hauptsächlich „geschlossene („Soll ich in die Schlacht ziehen oder nicht?") Fragen" gestellt (Bauer / Zerling 2004, 11). Zwar wurde damit versucht, einem schlechten Schicksal zu entrinnen; falls es sich aber nicht beeinflussen ließ, sollten die Vorhersagen zumindest dabei helfen, bevorstehende Rückschläge zu antizipieren und ihnen dadurch nach Möglichkeit gelassener zu begegnen. In Anbetracht all der negativen Vorhersagen aus der antiken Mythologie, die sich, trotz des Versuchs der Betroffenen, sie zu verhindern, auf Umwegen doch erfüllten, ist es allerdings verwunderlich, dass sich so viele Menschen damals auf Orakel und Weissagungen einließen und auch heute noch einlassen.

Ganz ernst dürften es jene, die das Orakel befragten, allerdings nicht genommen haben, denn nicht selten wurde die Befragung so oft wiederholt, bis das Ergebnis den Fragenden zufrieden stellte (Bauer / Zerling 2004, 43). Das wohl prominenteste Beispiel für ein prophezeites tragisches Schicksal ist wahrscheinlich Ödipus, der Sohn des König Laios von Theben. Als Säugling wegen einer Weissagung, er würde einst seinen Vater töten, seine Mutter Iokaste heiraten und das Reich übernehmen, von seinem Vater – vermeintlich – in der Wildnis ausgesetzt, erfüllte er, ohne es zu wissen, genau das prophezeite Schicksal. Sämtliche Versuche, der tragischen Vorhersage zu entkommen, trugen erst recht zu ihrer Verwirklichung bei (Irmscher 1999, 408).

Weissager gibt es bereits in vorchristlicher Zeit (beispielsweise Daniel, Hesekiel, Jesaja, Moses). Die Propheten verstanden sich meist als Sprachrohr Gottes, dessen Wünsche und Befehle sie an das Volk übermittelten bzw. als dessen Führer im Namen Gottes sie auftraten (zum Beispiel Moses). Zu den prominentesten Vertretern der Weissagung in der griechischen Antike zählten Pythia, die Priesterin des Apollon-Orakels in Delphi, und der blinde Seher Teiresias aus Theben, der unter anderem das Schicksal des Ödipus voraussagte (Bauer / Zerling 2004, 266). Pythia saß auf einem goldenen Dreifuß über einer Erdspalte, aus der berauschende Dämpfe aufstiegen. Die für Außenstehende unverständlichen Laute, die sie in der Folge von sich gab, wurden von Priestern interpretiert und – meist in mehrdeutige Antworten ausformuliert – an den Fragenden übermittelt (Bauer / Zerling 2004, 222). Diese eher unklaren Botschaften führten nicht selten zu Irrtümern, wie die Erzählung von Krösus (ca. 591–ca. 541), dem König der Lyder, beweist. Er hatte beim Orakel in Delphi nachfragen lassen, ob sich ein Feldzug gegen die Perser lohnen bzw. ob dieser glücklich ausgehen würde. Die Antwort lautete, sinngemäß, er würde bei einem solchen Manöver ein großes Reich zerstören. Krösus nahm an, dass damit das Perserreich gemeint wäre. Tatsächlich aber fiel sein eigenes Reich mit der Eroberung der Hauptstadt Sardes 541 v. Chr. an die Perser.

Im antiken Rom wurde kaum eine wichtige Entscheidung getroffen, ohne dass vorher die Auguren, die römischen Priester, befragt wurden. Ihnen oblag es, die Entscheidung über die Art der Befragung zu treffen, die empfangenen Zeichen zu deuten und die Opfer festzulegen, die den Göttern darzubringen waren. Während die Auguren interpretierten, führten andere Beamte die Befragungen durch. So war es etwa Aufgabe des Auspex, den Vogelflug zu beobachten. Anhand der Anzahl und Sorte der Vögel, der Richtung und der Art ihres Fluges sowie ihrem Geschrei wurde der göttliche Wille gedeutet (Bauer / Zerling 2004, 280).

Das Interesse an der Kenntnis der Absichten der Götter wurde – zumindest bei den gebildeten Bürgern – um die Zeitenwende schwächer. Der christliche Kaiser Theodosius (347–395) ließ die Eiche von Dodona, des ältesten griechischen Orakels, fällen, ihre Wurzeln ausgraben und den Kultus an den übrigen Orakelstätten untersagen (Bauer / Zerling 2004, 44). Die unzähligen Verfahren der Weissagung wanderten ins Volk, wo sie sich mit verschiedenen Formen von Aberglauben verbanden und teilweise bis heute überlebten.

Eine dieser Vorhersagetechniken, die sich bis in die Gegenwart halten konnten, ist die Astrologie. Die ältere so genannte Mundanastrologie (lat. „mundus“: „Welt“) gab Auskunft über geophysikalische Vorgänge. In allen frühen Hochkulturen (vor allem in Mesopotamien, Ägypten, Indien, China, Mittelamerika) wurden damit in erster Linie die bestmöglichen Termine für Aussaat und Ernte, aber auch für Feste, Rituale und Kriege ermittelt. Erst die Individualastrologie befasst sich mit dem Schicksal einzelner Personen. Sie will anhand der Gestirnskonstellationen zum exakten Punkt (Datum, Stunde, Ort) der Geburt eines Menschen Auskunft geben über dessen Möglichkeiten und künftige Entwicklung. Das älteste Horoskop dieser Art stammt aus dem Jahr 410 v. Chr. (Peters 2005, 114).

Die Astrologie hat sich über die Jahrhunderte gewandelt. Das Modell der zwölf Tierkreiszeichen stammt aus der Zeit des Hellenismus und wurde von Claudius Ptolemäus (ca. 100–ca. 175) in seinem „Tetrabiblos“ („Werk in vier Büchern“) aufgezeichnet. Die Horoskope, die sich in heutigen Zeitungen und Illustrierten finden, sprechen von Glück in der Liebe, im Beruf, in Bezug auf Gesundheit und finanziellen Erfolg (Peters 2005, 112ff.). Obwohl mit Anbruch der christlichen Zeitrechnung die meisten heidnischen Weissagungspraktiken zurückgedrängt wurden, konnte sich gerade das Interesse für Astrologie selbst unter wissenschaftlich orientierten Denkern halten, wie die Beispiele Kopernikus, Galilei, Kepler, Newton und Leibniz beweisen.

Das Bedürfnis des Menschen, sein Schicksal zu beeinflussen und das eigene Leben zu verbessern, stößt vor allem in früheren Zeiten an die Grenzen von Wissen und Technologie. Das dem direkten Zugriff enthobene Glück kann daher nur auf Umwegen erreicht werden – durch Interpretation der göttlichen Absichten und durch eine demütig-bittende Haltung, die in diversen Versuchen gipfelt, sich die übernatürlichen Mächte durch Geschenke zum Freund zu machen.

Verdinglichung als Wirkung: Glücksbringer

Bevor ein Krieger in die Schlacht zieht, legt er seine Rüstung an und greift zum Schild, um sich gegen die Schläge seiner Feinde zu wappnen. In ähnlicher Weise verwenden Menschen Glücksbringer. Wer solche Gegenstände mit sich führt, will sich damit vor bösen Mächten schützen. Opfer an die Götter oder die Auslegung ihrer Absichten sind dazu nicht nötig. Das Tragen der magischen Gegenstände alleine gewährt Schutz und bringt Glück.

„Charm", das englische Wort für Glücksbringer (als Verb bedeutet es „verzaubern"), verweist auf den lateinischen Begriff „carmen" („Lied") und bezieht sich wahrscheinlich auf das Murmeln von Sprüchen, die zur Verzauberung führten. Um gute (und böse) Geister, die über Glück oder Unglück bestimmen, aktiv zu beeinflussen, hält die Tradition eine Vielzahl an Glücksbringern (Amulett, Talisman, Maskottchen; Morris 2000, 10f.) bereit.

Die Bezeichnung „Amulett" stammt wahrscheinlich vom Lateinischen „amuletum" („Kraftspender"), manche Wissenschaftler führen den Ursprung des Wortes aber auch auf das arabische „hamala" bzw. „hammala" zurück, was so viel wie „tragen" bedeutet. Es wird zur Vorbeugung gegen böse Geister, Krankheit und Unheil getragen. Der Begriff „Maskottchen" wiederum entstammt dem Französischen, genauer gesagt dem Provenzalischen, einer im Süden Frankreichs gesprochenen Sprache. Das dort geläufige Wort „masco" bezeichnet eine „Hexe" und geht wahrscheinlich auf das altfranzösische „mascotte" zurück, was wiederum „Maske" heißt und jenes Utensil bezeichnet, das von Zauberern verwendet wurde. Der „Talisman" findet seinen etymologischen Ursprung im griechischen Wort „telesma", was „geweihter, heiliger Gegenstand" heißt. Um magische Kräfte zu entfalten, muss er eine Inschrift, Zahlen, einen Text, ein abstraktes Symbol oder ein bestimmtes Muster enthalten. Die Gründe dafür, warum Menschen Unglück widerfährt, können zufällig oder selbst verursacht sein. Für abergläubische Menschen hingegen ist das Eintreten eines Unglücks immer das Ergebnis einer feindseligen, übernatürlichen Macht. Eine häufig anzutreffende „dunkle Macht" ist der „böse Blick", dessen negativen Folgen man sich nur entziehen kann, indem man ihn nicht erwidert bzw. ihn auf etwas lenkt, das er (bzw. sein Verursacher) fürchtet (Morris 2000, 11).

Die Unterscheidung zwischen Maskottchen, Talisman und Amulett beschreibt der britische Verhaltensforscher Desmond Morris (geb. 1928) folgendermaßen: „Ein Amulett ist ein kleiner Gegenstand, der seinen Besitzer vor Schaden bewahrt. Ein Maskottchen ist etwas (oder eine Person), das oder die seinem Besitzer oder der Gruppe, für die es oder sie steht, Glück bringt. Und ein Talisman stellt einen magischen Gegenstand dar, der sowohl vor Unglück bewahrt als auch Glück bringt" (Morris 2000, 10). Morris nennt verschiedene Arten von Glücksbringern: zoologische, mineralische, botanische, religiöse, solche in Form von Inschriften, anatomische, starrende, Gebärden-Glücksbringer und „Hausamulette". Als zoologische Glücksbringer dienen Darstellungen ganzer Tiere oder nur Teile von ihnen: Schlangen, Hasenpfoten, Bärenklauen und -zähne, Pfauenfedern, Haifischzähne, Eulen, Stierhörner, Muscheln, Frösche, Spinnen, Marienkäfer usw.

Mit gestiegenem Bewusstsein für die Empfindungs- und Leidensfähigkeit von Tieren nahm die Vorliebe für zoologische Glücksbringer zumindest im Westen ab. Diese wurden seit der New-Age-Bewegung, die im letzten Drittel des 20. Jahrhunderts zur Zeit der Hippies blühte, vor allem durch mineralische Alternativen ersetzt. Anhänger, Broschen, kleine Gefäße mit Kristallen, echten oder Halbedelsteinen, denen verschiedene Kräfte zugeschrieben werden, gehören zu dieser Gruppe von Glücksbringern (Morris 2000, 52). Dem Halbedelstein Amethyst werden beispielsweise Immunisierungskräfte gegen Gift (etwa gegen Alkohol) zugeschrieben. Wer im antiken Griechenland mit einem Amethystamulett an einem Gelage teilnahm, glaubte sich vor Trunkenheit sicher (Morris 2000, 56). Weitere Steine, denen wundersame Kräfte als Glücksbringer (oder als Schutzschild gegen Unglück) unterstellt wurden und immer noch werden, sind Opal, Quarz (Bergkristall), Magnetit, Malachit, Blutstein, Jade, Tigerauge, Saphir, Smaragd, Lapislazuli, Türkis, Diamant und noch zahlreiche andere.

Zu den mineralischen Glücksbringern zählen aber nicht nur edle Steine, sondern auch einige Metalle wie Gold, Silber, Quecksilber, Kupfer, Blei usw. Während den zoologischen Glücksbringern in früheren Zeiten magische Kräfte unterstellt wurden, glauben die modernen Anhänger mineralischer Alternativen, dass diese mit (noch) nicht verstandenen Energien ausgestattet seien, halten diese also nicht im strengen Sinn für übernatürlich. In früheren Zeiten waren freilich auch die mineralischen Glücksbringer nach Meinung ihrer Träger mit übernatürlichen Kräften versehen. Sie wurden aber auch als Ausdruck von besonderem Glück ihrer Besitzer angesehen, vor allem, wenn es sich dabei um seltene Edelmetalle (Gold, Silber) und seltene oder unverwüstliche Edelsteine (Diamant) handelte.

Botanische oder pflanzliche Glücksbringer gibt es entweder in natura oder als Nachbildungen: Knoblauch, Lorbeer, Eichel, Eisenkraut, Johanniskraut, Alraune etc. Die Alraune, eine Wurzel, die im Mittelmeerraum beheimatet ist, soll Frauen vor Unfruchtbarkeit schützen. Die Pflanze ähnelt in der Form dem Menschen. Die Art der Magie, die hier zum Tragen kommt, wird auch als Analogiezauber bezeichnet: Natürliche Gegenstände sollen dort wirken, wo eine gewisse Ähnlichkeit besteht. Das trifft auf viele angeblich die Potenz fördernde Mittel zu, etwa das Horn eines Tieres (das schon kraft der Härte, Größe und Form an einen erigierten Penis erinnert). Bei den natürlichen, also echten Pflanzen wird die – manchmal tatsächlich vorhandene – pharmakologische Wirkung durch eine magische Kraft verdoppelt. Im Falle des Knoblauchs muss dies nicht unbedingt zutreffen. Seine Schutzfunktion gegen Vampire und andere böse Mächte könnte tatsächlich, so meint Desmond Morris (2000, 97), bloß in seiner biochemischen Eigenschaft liegen: „Die Ausdünstungen [jener Menschen, die Knoblauch essen] sollen so abstoßend sein, dass sie sogar die Mächte der Finsternis vertreiben und all das Unheil und die Krankheiten, mit denen sie die Menschen ständig heimsuchen."

Besonders beliebt unter den botanischen Glücksbringern ist der Klee. Bei den Iren ist das dreiblättrige Kleeblatt als Glückssymbol gebräuchlich, weiter verbreitet als Glücksbringer ist jedoch das vierblättrige. Aufgrund seiner Ähnlichkeit mit dem Kreuz wird es auch von Christen als Glückssymbol akzeptiert. Die vielfältigen Wirkungen, für die der Glücksklee verantwortlich sein soll, erstrecken sich von Ruhm über Reichtum und Gesundheit bis hin zu treuem Liebesglück – ein Panorama der menschlichen Sehnsüchte. Der magische Wert der Pflanze beruht wahrscheinlich auf ihrer Seltenheit, die beim vierblättrigen Klee größer ist als beim dreiblättrigen (Morris 2000, 113).

Neben dem Klee gehören bei uns auch Schornsteinfeger, Schwein und Hufeisen zu den beliebtesten Glückssymbolen, die vor allem rund um Neujahr als Anhänger, Miniaturen oder Süßigkeiten angeboten werden. Die zu Glück verhelfenden Eigenschaften des Schornsteinfegers bzw. Rauchfangkehrers werden darauf zurückgeführt, dass er den Kamin reinigt und damit wieder in Gang setzt. Eine intakte Feuerstelle garantiert Wärme und eine funktionierende Kochgelegenheit. Außerdem sinkt die Gefahr eines Häuserbrandes (Müller-Kaspar 2007, 635). Diese Realien werden ins Magische gesteigert, somit bekommt der Schornsteinfeger seine Bedeutung als Glückssymbol. Das Schwein ist eines der wichtigsten Haus- und Nutztiere des Menschen. Das erklärt auch seine Verwendung als Glücksbringer (Müller-Kaspar 2007, 645). Hufeisen verweisen ebenfalls auf ein Nutztier: das Pferd. Womöglich wurden in früheren Zeiten Hufeisen als Ersatz für dieses wertvolle Tier geopfert. Die Form des Hufeisens ähnelt jener des aufgehenden Mondes. Hufeisen werden über Hauseingängen oder an Stallwänden angebracht. Sie wehren böse Geister ab, sollen Eheglück, Gesundheit und Reichtum bewirken und vor Unwettern und Krankheiten schützen. Sie dürfen aber nicht gesucht, sondern müssen gefunden werden (Müller-Kaspar 2007, 339).

Zu den religiösen Glücksbringern gehören unterschiedliche Symbole (christliches Kreuz, Hammer des Thor, Mondsichel, Donnerkeil, Rad, Rosenkranz usw.) sowie Darstellungen von Göttern oder Heiligen, etwa die Christophorus-Plankette (Morris 2000, 122). Amulette mit Inschriften (Morris 2000, 146) beziehen ihre Wirkung daraus, dass die bösen Geister die auf ihnen angebrachten Botschaften verstehen. Die verbalen Äußerungen, Sprichwörter oder bloße Namen können aus den Heiligen Schriften (Bibel, Koran usw.) stammen. Es gibt aber auch Texte heidnischen Ursprungs. Die Tefillin oder Phylakterien sind Gebetsriemen mit kleinen Kästchen, die heilige hebräische Texte beinhalten und in ihrer Schutzwirkung ähnlich zu sehen sind wie der christliche Rosenkranz oder Amulette mit Koranversen. Orthodoxe Juden legen sie während des Gebets an.

Unter anatomischen Glücksbringern (Morris 2000, 154) versteht man Nachbildungen von Körperteilen. Dazu zählen unter anderem Penisse, Augen (gegen den „bösen Blick"), Hände, Ohren, Herzen (gegen den Diebstahl der Seele durch Dämonen). Starrende Glücksbringer (Morris 2000, 166) sollen den „bösen Blick" abwehren. Es gab sie bereits in prähistorischer Zeit, heute finden sie sich teilweise noch bei Modeschmuck, aber auch auf Fischerbooten im Mittelmeerraum.

Gebärden-Glücksbringer sollen flüchtige Gebärden gleichsam „einfrieren" und dadurch fixieren (Morris 2000, 174). Sie schützen, drohen und wehren böse Mächte ab. Das Victory-Zeichen (abgespreizter Zeige- und Mittelfinger) wird in den meisten Ländern Europas – England und Irland gehören zu den Ausnahmen – positiv interpretiert. Laut Morris (2000, 179) wurde es vom belgischen Anwalt Victor de Lavelaye 1941 erfunden. Er war auf der Suche nach einem Symbol für die Widerstandsbewegung im Krieg, das sich unkompliziert als Graffito einsetzen ließ. Der Anfangsbuchstabe für das englische Wort „victory" („v") ist in vielen Sprachen derselbe, was die Geste international anwendbar macht.

Während wir heute Alarmanlagen installieren, um unsere Häuser vor Einbrechern zu sichern, gab es in früheren Zeiten die „Hausamulette". Sie dienten nicht dazu, das Haus, sondern dessen Bewohner zu schützen. Eines dieser Symbole, das als „Hakenkreuz" durch die Nationalsozialisten zu trauriger Berühmtheit gelangte, ist das „Lebensrad", die „Swastika". Sie wurde nicht nur in Mitteleuropa von Etruskern, Römern, Germanen und Kelten sowie im Mittelmeerraum verwendet, sie war auch in Asien, im Fernen und Nahen Osten und auf dem amerikanischen Kontinent im Einsatz (Morris 2000, 198). Als Hausamulette können alle genannten Arten von Glücksbringern zum Einsatz kommen.

Der Glaube, dass von Glücksbringern in Form echter oder nachgebildeter Pflanzen, Tiere, Körperteile, Gesten, Steine oder Alltagsgegenstände geheime Kräfte ausgehen, die deren Träger vor Gefahren schützen oder das Glück auf magische Weise anziehen, ist alt und Ausdruck einer magischen Sicht auf die Welt. Ausgestorben ist dieser Glückszauber bis heute nicht, er nimmt immer wieder eine zeitgemäße Gestalt an, wie etwa die „Glücksski" von Rennläufern oder der „Glücksdress" von Fußballern, mit denen Spitzensportler die damit einmal erreichten Erfolge wiederholen wollen.

Gesprochene Traditionen: Europäischer Volksmund

Der europäische Volksmund kennt das Glück – aber er weiß auch um die Existenz seines Gegenspielers. In kurzen, prägnanten Sprichwörtern und leicht einprägsamen Regeln sammelt und tradiert er die Weisheit der Masse, das Destillat von Jahrhunderten menschlicher Erfahrung. Während optimistische Engländer behaupten: „Das Glück pocht wenigstens einmal an jedermanns Pforte", haben die Pessimisten einen etwas nüchterneren Zugang zum Thema: „Dem einen ist das Glück die

Mutter, dem anderen die Stiefmutter" (Moritz 2006, 212). Dass unser Urteilsvermögen dort, wo wir es auf uns selbst anwenden, manchmal getrübt ist, ist nicht ungewöhnlich. Für den Engländer kann das gut oder auch schlecht sein, denn: „Niemals sind wir so glücklich oder unglücklich, wie wir denken" – fragt sich nur, was schlechter für uns ist (Moritz 2006, 212).

Die Franzosen haben eine reizvolle Form von Zweckoptimismus entwickelt. Damit gelingt es ihnen, selbst in der Stunde der Niederlage den einen oder anderen (Teil-)Sieg zu verbuchen. „Unglück im Spiel, Glück in der Liebe" (Moritz 2006, 268) lautet ein beliebtes französisches Sprichwort, das es auch in den deutschen Sprachraum geschafft hat. Besonders sympathisch, wenn es nicht so klischeehaft klingen würde, ist die Tatsache, dass die Franzosen offenbar größeren Wert auf die Liebe legen als auf das Geld.

Dass Glück auch eine Frage des Muts sein dürfte, also kein reines, unverdientes Zufallsprodukt ist, bringt ein italienisches Sprichwort zum Ausdruck: „Das Glück ist dem Kühnen hold"; offenbar ist pures Glück im Zweifelsfall aber dennoch mehr wert als Bildung, wenn es um das Erreichen des Gewünschten geht: „Ein Quäntchen Glück ist mehr wert als ein Pfund Wissen" (Moritz 2006, 311). Beinahe scheint es so, als hätten die Italiener die französischen Sprichwörter auf ihren Wahrheitsgehalt überprüft und für zutreffend befunden, wenn sie die entsprechende Erfahrung auch umgekehrt einsetzen: „Wer Glück in der Liebe hat, soll nicht Karten spielen" (Moritz 2006, 311).

Der spanische Volksmund wiederum macht darauf aufmerksam, dass es nicht um die Quantität, sondern um die Qualität des Glücks geht: „Die Henne mit dem einem Küken ist so glücklich wie die andere mit acht" – und dass wir nicht vorschnell darüber urteilen sollten, was Glück für uns bedeutet und was Unglück: „Ich habe mir den Fuß gebrochen, vielleicht zu meinem Glück" (Moritz 2006, 350).

Ganz anders die eher skeptische Annäherung ans Glück durch die deutsche Volksweisheit: „Bei großem Glück ist große Gefahr", denn: „Das Glück hat Flügel", „Das Glück hat Neider", „Das Glück ist keinem treu" (Moritz 2006, 427). Nur gut, dass sich im Falle des Verlustes des Glücks ein Rat anbietet, der neues Glück garantiert: „Glücklich ist, wer vergisst, was nicht mehr zu ändern ist", heißt es folglich in der Operette „Die Fledermaus" (1874) des Österreichers Johann Strauß.

Können wir über unser Glück nach Ansicht des Volksmundes nun frei verfügen, ihm auf irgendeine Weise durch eigenes Zutun auf die

Sprünge helfen? Ein Paradoxon, das als Antwort auf die Frage dienen könnte, bringt folgende deutsche Volksweisheit zum Ausdruck: „Wer Glück haben will, darf nichts dem Glück überlassen" (Moritz 2006, 427). Wahrscheinlich ist „Glück" für den gemeinen Mann nicht bloß eine Frage von Glück, sondern zumindest auch das Ergebnis harter Arbeit.

All die oben genannten Sprüche und Lebensregeln entspringen noch keiner elaborierten philosophischen Auseinandersetzung mit dem Thema „Glück". Dennoch tragen sie manch kluge Erkenntnis vor, wie wir sie später noch bei den großen Denkern des Abendlandes finden werden. Die Weisheit des Volkes ist eine, die auf eine große Zahl von Einzelfällen, gesammelt oft über Jahrhunderte, zurückgreifen kann. Egal, ob diese Erfahrungen die Realität korrekt abbilden oder nicht: Wer wissen möchte, wie die Menschen in verschiedenen Ländern Europas über das Glück denken, kommt nicht umhin, sich mit dem jeweiligen Fundus an Glücksregeln auseinanderzusetzen.

Narrative Destillate: Märchen

Weniger prägnant als in den Sprüchen des Volksmundes, dafür aber in der leicht zu merkenden Form der Erzählung, nähern sich Märchen dem Thema „Glück" an. Bei diesen Geschichten mit meist magischem Inhalt, deren Stoffe bis ins Mittelalter zurückverfolgt werden können und die erst im 19. Jahrhundert (zum Beispiel durch die Brüder Grimm) ins literarische Bewusstsein traten (Freund 2003, 6), geht es oft ziemlich brutal zu. Was Glück ist im Unterschied zum Unglück wird durch scharfe Kontrastierung aufgezeigt. Die „Guten", also jene Protagonisten, die gemäß der Moral der jeweiligen Geschichte korrekt handeln, werden meist reich belohnt. Sie erweisen sich als hilfsbereit, bescheiden, freundlich anderen Menschen und selbst Tieren gegenüber. Sie hadern nicht mit ihrem zu Beginn der Erzählung meist traurigen Schicksal, sind bereit, hart zu arbeiten, verfolgen aber nicht mit Krampf und ohne Rücksicht auf ihre Umgebung die eigenen Ziele. Die „Bösen" hingegen, die nicht oder nicht im ausreichenden Maß über all jene Tugenden verfügen, verlieren im Laufe der Geschichte alles, manchmal sogar ihr Leben.

In der Grimm'schen Fassung der „Frau Holle" – das Märchen ist auch als „Die Goldmaria und die Pechmaria" bekannt – springt die ausgebeutete schöne Stieftochter einer Spindel nach, die ihr in den Brunnen gefallen ist. Sie findet ihr Glück (sie wird von Frau Holle gegen Ende der Geschichte für ihren Fleiß belohnt und mit Gold überhäuft), weil sie sich – trotz permanenter Benachteiligung durch Stiefmutter und Stiefschwester – anstrengt und nie verzagt. Die hässliche und faule Stiefschwester will es ihr nachmachen, ist jedoch nicht bereit, sich für ihr Glück zu verausgaben. So wird sie am Schluss der Geschichte mit Pech überschüttet (Scherf 1995, 342). Dass wir zum Glück, hier: dem ökonomischen Glück, also Wohlstand, auch selbst etwas beitragen, uns bemühen und hart arbeiten müssen, bringt „Frau Holle" zum Ausdruck.

Das Glück ist ein unbeständiges Gut. Wenn wir es überstrapazieren, können wir es auch schnell wieder verlieren, wie uns das Märchen von „Mann und Frau im Essigkrug" (Scherf 1995, 842) wissen lässt. Wer nicht mit dem zufrieden ist, was er hat, kann wahrscheinlich nie glücklich werden und verliert möglicherweise sogar jenes Glück, über das er bereits verfügt. Ein Ehepaar lebt in einem Essigkrug, ein goldener Vogel kommt vorbei und verhilft den beiden zunächst zu einem Häuschen, dann zu einem Hof, später zu einem Haus in der Stadt. Der sprunghafte Zuwachs an Luxus macht die Eheleute immer gieriger. In einer Version der Erzählung wollen die beiden Neureichen Kaiser, Papst, schlussendlich Gott persönlich werden und landen, als Strafe für ihren Hochmut, zuletzt wieder in ihrem Essigkrug.

„Aschenputtel" (Scherf 1995, 41) ist eines der bekanntesten Märchen, das in leicht abgewandelter Form und mit jeweils landestypischem Namen in verschiedenen Regionen Europas erzählt wird. Im englischen Sprachraum heißt die Hauptfigur „Cinderella", in Italien ist sie als „Cenerentola" bekannt. Die Franzosen führen sie unter „Cendrillon", die Griechen unter „i stachtopouta". Auch die Ungarn („Hamupipö-ke"), Tschechen („Popelka"), Schweden („Askungen") und noch einige andere Nationen kennen die Geschichte: Aschenputtel lebt zusammen mit ihrer Stiefmutter und ihren Stiefschwestern, die sich rund um die Uhr von ihr bedienen lassen. Es gelingt ihr mit Hilfe von Vögeln (dem „Glück"; einer magischen, göttlichen Instanz?), sich für ein paar Stunden in eine unbekannte Schöne zu verwandeln und dem Prinzen beim Tanz den Kopf zu verdrehen. Dieser sucht sie mithilfe des von ihr bei der Flucht verlorenen Schuhs und wird zunächst von ihren Schwestern abgelenkt. Diese sind sogar bereit, sich um ihres (materiellen) Glücks willen selbst zu verstümmeln. Zuletzt findet der Prinz aber sein Aschenputtel. Dass wir unser Glück nicht auf dem Unglück anderer aufbauen können, lehrt diese Geschichte ebenso wie die Tatsache, dass wir es nicht erzwingen können. Wenn die Zeit reif ist, findet uns das Glück.

„Die Bremer Stadtmusikanten" (Scherf 1995, 121) zeigen, dass einer allein es immer schwer hat und erst durch Kooperation mehrerer Schwacher (alle vier Tiere – Hahn, Katze, Hund, Esel – müssen damit rechnen, in Kürze von ihren Besitzern getötet zu werden) eine starke Gemeinschaft entstehen kann, in der jeder erfolgreich ist und alle einander dabei helfen können, ihr Glück zu finden. So trotzen die Tiere gemeinsam erfolgreich dem Tod – nur wer nicht aufgibt, kann es schaffen! –, wobei jeder der vier Musikanten eine ganz bestimmte, ihm eigene Begabung in das Projekt einbringt, wie aus dem berühmten Satz, den der Esel zum Hahn spricht, hervorgeht: „Ei, was, du Rotkopf', sagte der Esel, ,zieh lieber mit uns fort, wir gehen nach Bremen, etwas Besseres als den Tod findest du überall; du hast eine gute Stimme, und wenn wir zusammen musizieren, so muss es eine Art haben'" (Brackert 2002, 173).

„Hans im Glück" (Brackert 2002, 203) ist ein gutes Beispiel für die Überzeugung, dass Glück nicht unbedingt eine Frage von unermesslichem Besitz sein muss und dass es durchaus im Sinne des Glücks sein kann, sich von seinen Schätzen jederzeit ohne großen Schmerz wieder trennen zu können. Der Protagonist bekommt von seinem Meister ein großes Stück Gold zur Belohnung für seine treuen Dienste und zieht damit in die Welt hinaus (in der Version der Brüder Grimm will er heim zu seiner Mutter). Hans tauscht den Goldklumpen gegen ein Pferd, da er vom Wandern ermattet ist und lieber reiten würde. Das allzu wilde Pferd tauscht er, nachdem es ihn abgeworfen hat, gegen eine Kuh. Die Kuh wiederum, die ihm, beim Versuch sie zu melken, einen Tritt verpasst, gibt er für ein Schwein, das Schwein (das vermutlich zuvor gestohlen wurde) für eine Gans. Zuletzt tauscht Hans seine Gans gegen einen Schleifstein (Handwerk hat bekanntlich goldenen Boden). Als er, an einem Brunnen Rast machend, den Schleifstein auf den Rand legen möchte, entgleitet ihm dieser und fällt in die Tiefe. Anstatt über sein Unglück zu jammern, bedankt sich der Held der Geschichte mit Tränen in den Augen beim Allmächtigen, der ihn von der Last des Steins befreit hat: „,So glücklich wie ich', rief er aus, ,gibt es keinen Menschen unter der Sonne'" (Brackert 2002, 207).

Ist es Einfalt oder Größe, die Hans zum glücklichsten Menschen auf Erden macht? Er ist bereit, seinen Besitz jederzeit einzutauschen, ihn herzugeben, um etwas dafür zu bekommen, was besser auf seine aktuellen Bedürfnisse passt. Das mag für denjenigen, der mit ihm tauscht, unverständlich, ja geradezu tölpelhaft erscheinen. Für Hans selbst aber macht es durchaus Sinn. Er ist immer glücklich, in jedem Moment der Erzählung, nach jeder Wende, weil er stets das hat, was er braucht – und somit zugleich auch das, was er benötigt, um glücklich zu sein. Sich zu sehr an etwas Bestimmtes zu klammern, nicht bereit zu sein, es wieder herzugeben, sich den veränderten Rahmenbedingungen anzupassen, ist der falsche Weg. Dies lässt sich an diesem Märchen ablesen.

Magische, übernatürliche Gestalten, etwa Feen oder sprechende Tiere, stellen die Verkörperung des Glücks im Märchen dar und kommen jenen zu Hilfe, die zwar in Not, aber dennoch bereit sind, ihr Bestes zu geben, ohne bestimmte moralische Werte zu verraten. Trotz dieser aktiven Arbeit am eigenen Glück hängt ein Großteil seiner Erfüllung aber dennoch von der Gunst des Schicksals ab, verkörpert von mysteriösen Helfern.

Antworten der Sprachen: Ein etymologischer Exkurs

Der Ursprung unseres Wortes „Glück", dessen Herkunft ab dem 12. Jahrhundert bezeugt ist und das sich seit dieser Zeit von Nordwesten aus im deutschen Sprachraum verbreitete, konnte bisher nicht eindeutig geklärt werden (Duden 2001, 282). Seine Bedeutung in der heutigen Verwendung changiert zwischen dem „Zufallsglück" („Glück haben") und dem „glücklichen Leben", das jemand führt, oder „Lebensglück" („glücklich sein"), das jemand hat. Ob Letzteres selbst verdient, dem Zufall (Schicksal, göttlicher Fügung) zu verdanken oder einem Zusammenwirken beider Komponenten zuzuschreiben ist und, falls ja, wie dies am besten erreicht werden kann, ist Gegenstand unzähliger theoretischer Versuche und praktischer Handlungsanleitungen quer durch die Populär- und Hochkultur.

In der griechischen Antike gibt es zwei Begriffe: „eudaimonia" und „eutychia" (welchen im Lateinischen „beatitudo" und „fortuna", im Französischen „bonheur" und „chance" und im Englischen „happiness" und „luck" am ehesten entsprechen). „Eudaimonia" setzt sich zusammen aus der Vorsilbe „eu" („gut") und dem Substantiv „daimon" („Geist"). Wer über „eudaimonia" verfügt, darf sich also darüber freuen, einen „guten Dämon" an seiner Seite zu wissen. Der Begriff „stammt ursprünglich aus der religiösen Sphäre und meint den allgemeinen Zustand eines Menschen, während dem ihm ein Gott wohlgesonnen ist" (Dinzelbacher 1993, 302).

Glück wurde als ein Geschenk der Götter angesehen. Allerdings vergaben diese es, zumindest nach der griechischen Vorstellung, nicht beliebig. Mangelnde Frömmigkeit, menschliche Überheblichkeit oder generationenübergreifende Feindschaften konnten Gründe dafür sein, warum ein Gott einem bestimmten Menschen seine Gunst entzog. Die „eudaimonia" ist, im Unterschied zum „Zufallsglück", welches punktuell glückliche Momente bewirken mag, eher als „gelungenes Leben" zu verstehen (Bächli / Graeser 2000, 97ff.; Dinzelbacher 1993, 302ff.; Horn 1998, 61ff.; Hossenfelder 1996, XIIIff.). Der Begriff der „eudaimonia" ist innerhalb der antiken griechischen Philosophie unterschiedlich akzentuiert, je nachdem, was bei sich wandelnden gesellschaftlichen Bedingungen unter einem glücklichen Leben verstanden wird und wie dieses gemäß der jeweiligen Schule am ehesten verwirklicht werden kann. Welche verschiedenen Bedeutungen der Begriff angenommen hat, soll im nächsten Kapitel erläutert werden.

Das Wort „eutychia" setzt sich ebenfalls aus der griechischen Vorsilbe für „gut", weiters jedoch aus dem Namen der Schicksalsgöttin Tyche (bei den Römern: Fortuna) zusammen. Sie wird mit Füllhorn, Flügeln und Steuerruder dargestellt. Letzteres Symbol soll ihrer Wankelmütigkeit Ausdruck verleihen. Denn in ihrer Großzügigkeit gibt und nimmt sie nach Lust und Laune, ist unberechenbar. Der Glaube an die alles beherrschende Tyche kam besonders im Hellenismus auf, „als der Glaube an das Wirken der Götter erschüttert oder verloren war, in den gewaltigen Kämpfen Alexanders d. Gr. und der Diadochen die festgefügte Ordnung der Polis auseinandergebrochen war und ein blindes, vernunftloses Schicksal zu herrschen schien" (Irmscher 1999, 606).

In der sprachlichen Trennung von Glück des Zufalls und jenem, zu dem wir selbst etwas beitragen können, findet die Ambivalenz des Phänomens ihren Ausdruck. Interessant an der antiken Begrifflichkeit: Egal, ob es sich um das blinde Zufallsglück (oder Unglück) oder um das durch Eigenleistung beförderte handelt, in beiden Fällen entdeckt die Etymologie eine Macht im Hintergrund, die – Zufall hin, Fleiß her – das letzte Wort über Glück oder Unglück spricht. Wir können, so lässt sich daraus ersehen, dem Glück die Tür versperren oder sie weit öffnen; ob es eintritt, haben wir selbst nicht mehr in der Hand.

Materielle Reduktion: Vorphilosophische Diskurse und Beispiele

Der populäre Glücksbegriff vorphilosophischer Zeit war eng an rein materielle Güter wie Wohlstand, Ehre, Macht, Familie, Gesundheit geknüpft, wie zwei Beispiele belegen mögen. Der alttestamentarische Ijob (Hiob) wird zu Beginn des gleichnamigen Buches als glücklicher Mann geschildert, wobei detailliert aufgezählt wird, worin sein (materielles) Glück besteht: „Sieben Söhne und drei Töchter wurden ihm geboren. Er besaß siebentausend Stück Kleinvieh, dreitausend Kamele, fünfhundert Joch Rinder und fünfhundert Esel, dazu zahlreiches Gesinde. An Ansehen übertraf dieser Mann alle Bewohner des Ostens" (Ijob 1,1ff.). Gott nimmt, auf Anraten Satans, der Ijobs Gottesfürchtigkeit für reinen Opportunismus hält, all dessen Besitz, ja selbst seine Kinder und zuletzt sogar noch seine Gesundheit. Als Ijob dennoch seinen Glauben nicht verliert, belohnt Gott ihn für seine Treue, indem er ihm alle Güter zurückgibt, sie sogar vermehrt: „Der Herr aber segnete die spätere Lebenszeit Ijobs mehr als seine frühere. Er besaß vierzehntausend Schafe, sechstausend Kamele, tausend Joch Rind und tausend Esel. Auch bekam er sieben Söhne und drei Töchter" (Ijob 42,12f.). Ijob lebte danach noch 140 Jahre.

Das zweite Beispiel führt bereits an die Schwelle zu einem neuen, philosophisch reflektierten und dem rein materialistischen Denken sich langsam entwindenden Glücksbegriff. Herodot berichtet im ersten seiner „Neun Bücher zur Geschichte" von einem Besuch des athenischen Staatsmannes Solon (ca. 640–ca. 560 v. Chr.), einem der „Sieben Weisen", beim bereits genannten lydischen König Krösus. Solon ist durch Besonnenheit und Mäßigung gekennzeichnet. Krösus, auf dem Gipfel seiner Macht und wohl auch Arroganz, will von Solon hören, dass er der glücklichste Mensch auf Erden sei. Er fragt ihn, den „weit Gereisten" und „Weisen" daher, „ob du schon einen Menschen gesehen, der unter allen der glücklichste war" (Herodot 2007, 44). Zur großen Überraschung von Krösus nennt Solon nicht ihn, den Herrscher der Lyder, sondern einen gewissen Tellus von Athen. Auf die verblüffte Frage des Krösus, warum er gerade diesen, ihm unbekannten Mann für den Glücklichsten hielt, antwortete Solon: „Einerseits lebte Tellus, als der Staat blühete, und hatte brave und tüchtige Söhne: Er erlebte es auch, wie diesen allen Kinder geboren wurden und auch am Leben blieben; andererseits wurde ihm […] das glänzendste Ende des Lebens zuteil. Denn als die Athener mit ihren Nachbarn in Kampf geraten waren, eilte er herbei, schlug die Feinde in die Flucht und erlitt dabei den rühmlichsten Tod: Die Athenienser bestatteten ihn auf öffentliche Kosten, da wo er gefallen war, und erwiesen ihm große Ehre" (Herodot 2007, 44).

Als Solon auf Nachhaken des Krösus bezüglich des zweitglücklichsten Menschen wieder nicht ihn, sondern die zwei Argiver Kleobis und Biton nennt, verliert der König der Lyder endgültig die Geduld und will wissen, warum nicht er, der reiche und mächtige Krösus dafür in Frage käme. Solon, der zuvor geschildert hatte, wie Kleobis und Biton nach einer Festtafel am Ende eines glücklichen Lebens friedlich einschliefen und nicht mehr erwachten, belehrt Krösus, dass aller Reichtum im Augenblick wohl keine Garantie für eine glückliche Zukunft, ja, für ein glückliches Leben insgesamt sei.

Beim Glück, so könnte man die durch Krösus repräsentierte herkömmliche Auffassung mit Solon kritisieren, kommt es nicht auf eine noch so glückliche Gegenwart an. Das Schicksal ist wankelmütig und könnte schon morgen unerbittlich zuschlagen und dem Lyder-König all seinen Reichtum nehmen. Nur ein (möglichst) durchgängig glückliches Leben, dem außerdem ein glückliches Ende beschert ist und das vom Nachruhm der Welt veredelt wird, kann als wahrhaft glücklich gepriesen werden.

Krösus und mit ihm die alte, vorphilosophische Zeit sind aber noch nicht so weit. Und so verwundert es nicht, dass der Lyder-König den weisen Solon enttäuscht entließ, „weil er ihn für einen völligen Toren hielt, welcher die Güter der Gegenwart nicht beachte, sondern ihn auffordere, auf das Ende jeglichen Dinges zu sehen" (Herodot 2007, 47).

In beiden Erzählungen wird materieller Besitz als Inbegriff menschlichen Glücks verstanden. „Ijob" nimmt indirekt, über die Beschreibung der Güter des Protagonisten, eine Bestandsaufnahme seiner Zeit vor: „Glück" bedeutet sichtbarer Reichtum. Ähnlich verhält es sich beim Lyder-König. Doch sowohl Ijob als auch Solon stellen das Übliche in Frage, der biblische Held um eines höheren Wertes willen – der Treue zu seinem Gott –, der Weise, um es durch intellektuelle Korrektur nachzubessern: Güter, ja, aber nur, wenn sie breit gestreut sind und möglichst ein Leben lang zur Verfügung stehen. Ijob und Solon verweisen auf zwei alternative Wege zum Glück: den Glauben und die Philosophie.

2

Das erdachte Glück: Reflexionen aus der Philosophiegeschichte

Mit den Sophisten wendet sich die Philosophie dem Menschen zu. Sokrates, Platon und Aristoteles sehen ihren Begriff von Glückseligkeit eingebettet in einen überindividuellen, auf ein Gesamtziel gerichteten Zusammenhang. Ethik und Lebenskunst fallen in eins, richtiges Tun des Einzelnen gemäß der ihn bestimmenden Ordnung ist bzw. führt zur Glückseligkeit. Mit den Kynikern und Kyrenaikern wandelt sich die Basis von Eudämonie: Das Individuum gerät in den Mittelpunkt. Askese oder Genuss – zwischen diesen Extremen bewegen sich die Konzepte. Die Entwicklung zum Subjekt vollenden die hellenistischen Schulen Epikurs, der Stoa und der Skepsis. Genuss, Askese und Urteilsenthaltung sollen den Weg zum Glück ebnen. Mit der Renaissance erfindet sich die Antike neu: Der Mensch holt sich die Verantwortung für sein Glück von Gott zurück, der im Mittelalter das Monopol darauf hatte. Die Moralisten, von der frühen Neuzeit inspiriert, verfassen aufs Diesseits bezogene Ratgeber, orientiert an der Gelassenheit antiker Glückslehren. Mit Immanuel Kant trennen sich die Wege von Ethik und Philosophie der Lebenskunst. „Glück" ist nicht mehr Aufgabe des Einzelnen, er kann sich durch moralisches Handeln nur als „glückswürdig" erweisen. Uneitle „Selbstzufriedenheit" ob seiner Tugend mag ihn trösten. Die Utilitaristen Jeremy Bentham und John Stuart Mill finden aus dem Rigorismus Kants wieder zu Lust und Freude epikureischen Stils zurück. Glück steht im Mittelpunkt ihrer kalkulierenden Ethik. Nach Arthur Schopenhauer muss die Glückssuche scheitern. Einzig möglich: Momente des Mitleids, die den ewigen Kreislauf des Leidens unterbrechen, den egoistischen Drang des „Willens" kurz zur Erstarrung bringen.

Versuche einer ersten Aufklärung: Vorsokratiker, Sophisten

Im Allgemeinen lässt man die Geschichte der Philosophie bei den Vorsokratikern beginnen. Diese hätten sich jedoch nur mit der Natur befasst und sich nicht um Fragen der menschlichen Praxis respektive des geglückten Lebens gekümmert. Wahr ist daran, dass der Schwerpunkt jener Denker bei der Erklärung der Welt im physischen bzw. metaphysischen Sinn lag. In dem Maße, wie die voranschreitende Entmystifizierung einer von göttlichen Mächten durchwobenen Wirklichkeit Ergebnis dieser theoretischen Philosophie war, hatte sie aber auch lebenspraktische Effekte. Durch die Entzauberung der alten Weltanschauungen („Vom Mythos zum Logos") entstand überhaupt erst die vollkommen neue Möglichkeit, das menschliche Leben selbst und die Mittel, es glücklich zu gestalten, unter die Oberhoheit der Vernunft zu bringen.

Zur Gänze befreit von Mythen und bildhaften Vorstellungen ist die Antike auch nicht während, ja, nicht einmal nach der Klassik (Sokrates, Platon, Aristoteles). Aber die Versuche der Vorsokratiker, sämtliche Phänomene systematisch auf Prinzipien zurückzuführen, die neu erdachten oder zumindest neu formulierten Weltmodellen entspringen, bedeuten eine Zunahme an Rationalität (Rapp 1997, 15ff.). Die Reduktion auf physisch vorhandene (oder zumindest denkbare) Gegenstände, wie „Wasser", „Erde", „Feuer", „Luft" oder „Atome", und Wirkungen gemäß „realer" Kräfte ist eine Entzauberung mystischer Agentien. Dass viele Vorsokratiker ihre eigenen, wenn auch vernünftigeren „Mythen" kreierten und für sakrosankt erklärten (zum Beispiel Heraklit und Parmenides), kann getrost als lässliche Sünde dieser ersten Welle antiker Aufklärung genommen werden.

Spätestens mit der zweiten, noch viel radikaleren Aufklärungsbewegung der Sophistik kamen diese „Glaubenssätze" wieder in Bedrängnis (Rapp 1997, 19). So war es Protagoras (ca. 485–415 v. Chr.), der die Erkenntnis von Göttern zurückwies – diese seien nicht wahrnehmbar, das Leben der Menschen zu kurz, um sie zu finden. Protagoras kritisiert die Seinslehre der Eleaten (Parmenides, Zenon). Er gibt sich als Skeptiker in Bezug auf die Erkennbarkeit der Welt. Die Skepsis der Sophisten erstreckt sich auch auf „absolute Wahrheiten" in Bezug auf den Menschen selbst. Mit diesen kritischen Denkern und ihrem Zeitgenossen und, glaubt man Platons Darstellung, Widerpart Sokrates bahnt sich die Frage nach der menschlichen Praxis erstmals explizit den Weg in die abendländische Philosophie.

Lebenskunst und Tugend: Sokrates, Platon, Aristoteles

Als nahezu bedürfnislos lebender Mensch war Sokrates (ca. 469–ca. 399 v. Chr.) ein Vorbild an Genügsamkeit im physischen Lebensvollzug. Wenn er auch keinesfalls Enthaltsamkeit predigte, Einladungen zu Tischgesellschaften gerne annahm (man denke etwa an Platons „Symposion") und als trinkfest galt, so führte er dennoch kein exzessives oder luxuriöses Leben. Betrachtet man seine sich selbst gestellte philosophische Aufgabe – mit Leidenschaft zu fragen und zu hinterfragen –, war er allerdings weniger asketisch. Zwar sah er sich nicht als wissend oder gar weise an, ganz im Gegenteil: Er nahm es als seine Bestimmung, den von seinem Freund Chairephon in Delphi eingeholten Orakelspruch zu widerlegen, dass niemand weiser sei als Sokrates (Figal 1995, 33ff.). Alleine die Art, wie er seine Mission auszuführen versuchte, bot bereits eine Palette an möglichen Antworten auf die Frage nach dem „gelungenen Leben". Seine Schüler und Epigonen haben einige der Anregungen aufgegriffen und ausgearbeitet.

Dass für Sokrates nur ein tugendhaftes Leben ein gelungenes und – so dürfen wir ergänzen – glückliches Leben ist, lässt sich nicht zuletzt aus seiner Abgrenzung von den Sophisten ersehen. Sie stellen zwar auch die Frage, was „das Gute" sei. Ihre Antworten aber sind – über 2000 Jahre vor Charles Darwin und Herbert Spencer – Ausdruck eines antiken Sozialdarwinismus und moralischen Relativismus, während für Sokrates nur die Gerechtigkeit und seelische Vortrefflichkeit das Glück des Einzelnen zu sichern vermag.

Antike Ethik und „Philosophie der Lebenskunst" schließen einander nicht aus. Das moralisch Richtige, also das Gute und das persönliche Glück sind nicht nur kein Widerspruch, sie fallen sogar in eins. Wer richtig handelt, ist glücklich. Und als Ziel allen Handelns darf, ja, soll sogar die eigene Glückseligkeit im Mittelpunkt stehen – wenn auch die Bestimmungen der richtigen Praxis des gelungenen Lebens bei den Klassikern einen überindividuellen, gleichsam objektiven Charakter aufweisen. Die dem Menschen gemäß seiner vernünftigen und sozialen Natur entsprechenden Tugenden definieren und ermöglichen das glückliche Leben des Einzelnen in der menschlichen Gemeinschaft.

Dies unterscheidet übrigens die Ansätze der Klassiker von den meisten neuzeitlichen Überlegungen zum Thema „Glück".

Aber auch schon die Entwürfe der hellenistischen Philosophen (Epikur, Stoa und Skepsis) lösen sich vom Objektivitätsanspruch ihrer Vorgänger und stellen die Eudämonie auf eine am Individuum ausgerichtete, subjektive Basis. Wobei bereits die Kyniker und Kyrenaiker, zwei wichtige sokratische Schulen jenseits von Platon und seinen unmittelbaren und mittelbaren Nachfolgern, eine alternative Weiterentwicklung anbieten, welche die objektive Grundlage des Glücks des Einzelnen abschwächt bzw. modifiziert und damit den hellenistischen Denkern vorarbeitet (Hossenfelder 1996, XVII).

Die sokratische Ideenlehre, die bereits die Idee des Guten kennt, aber nicht befriedigend erfassen und ausdeuten kann, ist unvollendet, ist ein „work in progress", könnte man auf Neudeutsch sagen (Figal 1995, 62ff.; Seel 1999, 14ff.). Die Ideen, welche in jener des „Guten" gipfeln bzw. durch sie erst ihre Ausrichtung erlangen, sollen die unverfälschten Messkriterien für jene Tugenden sein, die unabdingbar für ein gelungenes Leben in der Polis-Gemeinschaft sind. Da Sokrates die endgültige Definition dieser Kriterien nicht gelingt, bleibt Philosophieren für ihn ein dialogischer Prozess des gemeinsamen Suchens, unbeendbar, aber in jedem Fall fortzusetzen.

Platon (427–347 v. Chr.) hat diesen Auftrag angenommen und die Entwicklung solcher Kriterien sowie eines Angelpunktes für ihren systematischen Zusammenhang (eben jene „Idee des Guten") weiterverfolgt. Im Dialog „Gorgias" lässt er Sokrates ein Gespräch mit Kallikles führen, einem Schüler des Sophisten Gorgias von Leontinoi (ca. 480–380 v. Chr.). Im Zuge dieser Unterredung stellt Sokrates fest, dass nur ein besonnener Mann ein gutes Leben zu führen vermag. Besonnenheit wiederum bedeutet, dass ihr Träger gerecht, tapfer, fromm und gut ist; „der Gute aber wird schön und wohl in Allem leben, wie er lebt, wer aber wohllebt, wird auch zufrieden und glückselig sein; der Böse hingegen und der schlecht lebt, elend. Und dies wäre der, welcher dem Besonnenen entgegengesetzt sich verhält, der Zügellose, welchen du lobtest" (Platon 1991, II, 361).

Das unreflektierte Genussleben ist also eine Sackgasse, auch wenn Platon die Lust nicht ganz aus seiner Konzeption der Eudämonie verbannen will. Er plädiert im Dialog „Philebos" vielmehr für eine vernünftige Mischung der geistigen und physischen Genüsse: „So haben wir nun wie Weinschenken zwei Quellen vor uns stehen, der Süßigkeit des Honigs könnte man die der Lust vergleichen, die ganz nüchterne und unberauschende der Einsicht aber einem strengen und gesunden Wasser, welche beiden wir nun versuchen müssen, aufs Beste untereinander zu mischen" (Platon 1991, VIII, 177).

Der Begriff der „Eudämonie", als gleichsam „lebenslanges Glück" klar unterschieden von jenem der „Eutychie", dem punktuellen „Zufallsglück", erhält bei den Denkern der griechischen Antike verschiedene Zusammensetzungen. Die „hêdonê", also die „Lust", ist – in der einen oder anderen Form – bei den meisten Philosophen ebenso Ingredienz der Eudämonie wie ein erklecklicher Anteil an „eutychia". Glückseligkeit bedarf, und darin waren sich die Klassiker einig, selbstverständlich auch einer gewissen Fügung des Schicksals, das etwa mit Vermögen, Familie, Gesundheit, Schönheit und Intellekt ausstattet und nicht nur dem eigenen Bemühen zu verdanken ist. Dass Platons „Glückseligkeit" sich nicht in der Verwirklichung einer gerechten Seele gemäß der Ordnung der Ideen erschöpft, darf nicht unerwähnt bleiben: Zur höchsten Erfüllung gelangt der rationale Seelenkern „in einer die Bedingungen der Leiblichkeit transzendierenden intellektuellen Einsicht" (Horn / Rapp 2008, 160).

Aristoteles (384–322 v. Chr.), der auch die materiellen Bedingungen für Glückseligkeit nicht ganz aus dem Feld schlagen will, setzt die Linie der Verinnerlichung des Begriffs der Glückseligkeit seiner Vorgänger dennoch fort. Eudämonie ist für ihn allerdings nicht statisch, sondern ein Vorgang, Bewegung: „Wir haben gesagt: Das Glück ist kein Zustand [der Ruhe], denn sonst könnte es auch dem gehören, der ein Leben lang schläft, der das Leben einer Pflanze lebt, oder dem, der sich im größten Unglück befindet" (Aristoteles 1992, 285). Jeder strebt, so Aristoteles (1992, 5f.), nach einem obersten Ziel, dessentwillen wir alles andere wollen und tun.

Für Aristoteles gibt es nun zwei Varianten, die sich für den Menschen gemäß seiner spezifischen Tugenden eignen, die Glückseligkeit zu verwirklichen. Einerseits ist dies die aufgrund seiner Vernunftseele mögliche, rein intellektuelle und somit gottgleiche, bedürfnislose Existenz des Denkers, der sich der „theôria" („Wesensschau") hingibt. Diese Variante ist aber nicht uneingeschränkt verwirklichbar, wie Aristoteles (1992, 290) in seiner „Nikomachischen Ethik" schreibt, denn dabei würde es sich um ein „übermenschliches" Leben handeln: Man könne es nicht leben, „sofern man Mensch ist", aber man könne es leben, „sofern ein göttliches Element in uns wohnt". Das Glück der vom menschlichen Alltag unbeeinträchtigten „theôria" ist nur wenigen vergönnt – und auch diesen nicht auf Dauer.

Die zweite, realistischere Variante, Glückseligkeit zu erreichen bzw. zu leben, basiert ebenfalls auf einer – wie Aristoteles meint – typisch menschlichen Eigenschaft. Als „zôon politikon", das soziale Tier, als welches er den Menschen in seiner „Politik" (Aristoteles 1993, 78) identifiziert, ist er auf den gesellschaftlichen Verkehr mit seinesgleichen angewiesen. Die für das Gemeinschaftsleben notwendigen ethischen Tugenden im sozialen Kontext zu erlernen und ihnen gemäß in Gemeinschaft mit Anderen zu leben, darin besteht für Aristoteles die allen freien (wozu in der Antike bekanntlich nicht alle zählten) Menschen verfügbare Version eines gelungenen Lebens. Als wahrhaft glücklich wird es aber erst dann angesehen werden dürfen, wenn es in Bezug auf seine Dauer „einem vollen Menschenleben" (Aristoteles 1992, 18) entspricht.

Askese und Genuss: Kyniker, Kyrenaiker

Platon war, trotz seiner Prominenz innerhalb der Geschichte der antiken Philosophie, natürlich nicht der einzige Schüler des Sokrates. Zwei weitere bedeutsame Gruppen von Denkern (neben den Megarikern), die sich von ihm ausgehend entwickelten, waren die Kyniker und Kyrenaiker, deren Einfluss auf die Philosophen des Hellenismus wesentlich größer war als jener der beiden anderen Klassiker. Platon hat nämlich erst im Neuplatonismus der Spätantike Bedeutung erlangt, Aristoteles kam überhaupt erst im späteren Mittelalter zu höheren Ehren (Hossenfelder 1996, XXI).

Der bekannteste Kyniker war Diogenes von Sinope (ca. 400–325 v. Chr.), jener Mann, von dem berichtet wird, er habe in einem leeren Fass gewohnt; vielleicht hat er durch diese hündische (griech. „kynos": „Hund") Lebensweise der Schule ihren Namen verliehen. Diogenes war ein Schüler des Gründers dieser Denkrichtung, Antisthenes von Athen (ca. 445–365 v. Chr.). Als Vermittler einer elaborierten philosophischen Lehre können die Kyniker zwar nicht angesehen werden, ein gewisser Einfluss auf die Stoa dürfte ihnen aber dennoch zuzuschreiben sein (Hossenfelder 1996, 1ff.).

Die Tugend (hier in Gestalt von Selbstgenügsamkeit und Bedürfnislosigkeit) bereitet laut Ansicht der Kyniker den Weg zum Glück. Der auf den Hellenismus vorausweisende Individualismus äußert sich eindrucksvoll in dem vom griechischen Philosophiehistoriker Diogenes Laertios (um 200) überlieferten Spruch des Antisthenes: „Die Frucht der Philosophie ist die Kunst mit sich selbst zu verkehren" (Hossenfelder 1996, 4). Der Bezug zur Polis, welcher noch die Klassiker auszeichnet, wird bereits bei den Kynikern (also schon vor der Stoa) durch eine kosmopolitische Orientierung des Individuums überboten. Den letzten Schritt zur Verinnerlichung und damit Subjektivierung des Glücks, wie er im Hellenismus stattfindet, vollziehen die Kyniker freilich noch nicht. Durch das demonstrative, teilweise provokante Vorleben des eigenen asketischen Ideals wird auch eine Veränderung der Haltung der Mitmenschen angestrebt. Warum ausgerechnet Askese der Königsweg zum Glück sein soll, erläutern die uns überlieferten Dokumente des kynischen Denkens aber leider nicht (Hossenfelder 1996, 2ff.).

Im Unterschied zur Askese der Kyniker stellen die Kyrenaiker die „hêdonê", also die „Lust", ins Zentrum ihrer Lebenskunst und werden damit in gewissem Sinn zu Vorfahren Epikurs. Der antike Hedonismus ist hauptsächlich überliefert in den anekdotischen Ansichten seines Gründers: Aristipp von Kyrene (ca. 435–355 v. Chr.). Als Aristipp etwa dafür gerügt wurde, mit einer Hetäre zusammenzuleben, entgegnete er angeblich: „Macht es denn einen Unterschied, ob ein Haus, das ich bekomme, viele Bewohner gehabt hat oder gar keinen? – Nein! – Und ob das Schiff, auf dem ich fahre, schon Tausende von Passagieren in sich gehabt hat oder keinen einzigen? – Durchaus nicht! – Also macht es auch keinen Unterschied, ob ein Weib, mit dem ich zusammenlebe, schon viele Liebhaber gehabt hat oder keinen" (zit. n. Hossenfelder 1996, 54).

Für die Kyrenaiker ist das Einzige, was dem Menschen unmittelbar gegeben ist, die jeweilige Empfindung. Ob mit ihr ein real existierendes Objekt der Außenwelt korrespondiert, lässt sich nicht mit Sicherheit feststellen. Die Beschränkung des Einzelnen auf seine eigenen Gefühle befreit ihn aus dem überindividuellen kosmischen Zusammenhang, in welchen ihn die Klassiker gestellt sahen. Das Maß für das Handeln des Menschen sind seine subjektiven Empfindungen, keine wie auch immer gearteten, von außen an ihn herangetragenen Sinn-Schemata. Sind diese Empfindungen lustvoll, so sind sie gut; wenn sie sich aber als schmerzvoll erweisen, sind sie schlecht. Die Lust – und hier vordringlich die gegenwärtig durch den Körper vermittelte sinnliche Lust – wird als das höchste Gut angesehen.

Interessant ist, dass für die Kyrenaiker die Eudämonie nicht den obersten Rang einnimmt, wie Diogenes Laertios erläutert: „Denn das höchste Gut sei die einzelne Lust, das Glück dagegen die Zusammenstellung aus den einzelnen Lüsten, denen sowohl die vergangenen als auch die zukünftigen zugezählt würden" (zit. n. Hossenfelder 1996, 47f.). Die einzelne Lust soll im Moment ihres Auftretens genossen werden, ohne sich um die Möglichkeit (oder das Ausbleiben) künftiger Lüste zu sorgen oder über die vergangenen zu trauern, denn dies könnte bereits wieder Unlust hervorrufen. Aristipp maß also der Vermeidung von ungewollten Empfindungen so große Bedeutung bei, dass er sogar das Potenzial der Lust, negative Gefühle zu verursachen, etwa auch durch Abhängigkeit von ihr, in seinem Modell des Hedonismus berücksichtigte. So meinte er beim Betreten des Hauses einer Dirne zu einem aus Scham errötenden Begleiter: „Nicht im Eintritt liegt das Bedenkliche, aber nicht wieder loskommen können, das ist's" (zit. n. Hossenfelder 1996, 52).

Erfindung des Individuums: Hellenismus

Epikur (341–270 v. Chr.) wird oft als Gegenspieler der stoischen Philosophie angesehen. Das geht jedoch am Kern seines Denkens vorbei, das ihn nicht allzu sehr von der zweiten hellenistischen Schule unterscheidet, wenngleich seine Begründungen, die zu ähnlichen Ergebnissen führten, sich von jenen der Stoa abheben. Gemeinsam ist beiden das Bestreben, all das, was dem Menschen unverfügbar ist, zu entwerten. Für Epikur gibt es unvermeidbare menschliche Beurteilungen in Gestalt von unfreiwillig empfundenen Gefühlen der Lust und Unlust, während die Stoa die Macht der Vernunft beim Beherrschen dieser Affekte behauptet (Hossenfelder 1996, 164).

Epikur ist Aufklärer im besten Sinn des Wortes. Sein Anliegen besteht darin, den Menschen ihre unbegründeten Ängste vor Unheil zu nehmen und sie dadurch in die Lage zu versetzen, ihr Leben im Hier und Jetzt zu genießen. Die als „Tetrapharmakos" („vierfaches Heilmittel") prägnant zusammengefassten Ratschläge des Philosophen erläutern, warum es keinerlei Veranlassung gibt, sich vor den Göttern und den – vermeintlich von ihnen hervorgerufenen – Himmelserscheinungen, vor dem Tod, der Begierde und den Schmerzen zu ängstigen. Indem Epikur über die wahre Natur all dieser Phänomene aufklärt, nimmt er ihnen ihre Bedrohlichkeit (Gigon in Epikur 1985, 13f.). So bestreitet er etwa, dass die Götter, an deren Existenz er festhält, sich um das Wohl und Wehe der Menschen kümmern. Sie leben, in seliger Unabhängigkeit, fern unserer Welt und verspüren in ihrer Autarkie auch keinerlei Bedürfnis, sich in die lächerlichen Belange der Vergänglichen einzumischen, wie aus Epikurs (1985, 100f.) „Brief an Menoikeus" hervorgeht.

Was die Begierden und die Schmerzen anbelangt, hat Epikur (Gigon in Epikur 1985, 13f.) eine bemerkenswert nüchtern anmutende Zugangsweise: Das von Natur gegebene Begehren ist begrenzt und leicht erfüllbar; mit dem Schmerz hingegen verhält es sich so, dass er, je heftiger und intensiver er ist, umso kürzer, je länger anhaltend aber, desto weniger stark sei. Am eindrucksvollsten von allen Haltungen Epikurs (1985, 101) ist wohl sein gänzlich respektloser Umgang mit dem Tod und der Angst der Menschen davor: „Das schauerlichste Übel also, der Tod, geht uns nichts an; denn solange wir existieren, ist der Tod nicht da, und wenn der Tod da ist, existieren wir nicht mehr."

Der lange Zeit bestehende Vorwurf (wahrscheinlich in stoisch-christlichen Vor- und Fehlurteilen begründet, weil Epikur die Lust in den Mittelpunkt des gelungenen Lebens stellte, die Götter als am Schicksal der Menschen desinteressiert ansah und nicht an eine unsterbliche Seele glaubte), sein Denken wäre eine „Philosophie für Schweine", trifft so nicht zu (Hossenfelder 1991, 141).

Derjenige Seelenzustand, der die Glückseligkeit im epikureischen Sinne am besten beschreibt, ist jener der „ataraxia", wie er auch von Pyrrhon von Elis (ca. 365–270 v. Chr.), dem Begründer jener nach ihm benannten Skepsis, verwendet wird. Ataraxie bezeichnet im Altgriechischen die „Gemütsruhe", eine Art innerer Frieden, der gerne mit der „Meeresstille" verglichen wird (Hossenfelder 1991, 56; Horn / Rapp 2008, 73f.). Epikur, der Pyrrhon in seiner Jugend verehrt hatte, könnte diesen Begriff von ihm übernommen haben (Hossenfelder 1996, 164). Mit Ataraxie ist allerdings nur einer von zwei Lustbegriffen genant (die katastematische Lust), die in der Philosophie Epikurs von Bedeutung sind. Der zweite beschreibt den Vorgang der Wiederherstellung des Gleichgewichtszustands (kinetische Lust), womit sich Epikur an Aristipps Bestimmung der Lust anlehnt (Horn / Rapp 2008, 183).

Zenon von Kition (ca. 333–262 v. Chr.) gilt als Begründer der Stoa, zu der neben ihrem Urheber so unterschiedliche Persönlichkeiten zählen wie ein ehemaliger griechischer Sklave der Römer (Epiktet), zwei Schriftsteller, Redner und Philosophen (Cicero und Seneca) und sogar ein Kaiser (Marc Aurel). Diese heterogene Zusammensetzung deutet bereits auf einen wichtigen Aspekt des stoischen Denkens hin: Alle Menschen sind gleich, Teilhaber an der einen Natur, durchdrungen von einem alles durchwaltenden göttlichen Gesetz der Vernunft, dem „logos".

Nach Ansicht der Stoiker ist der Grund für unser sinnloses Leiden die falsche Bewertung unserer Möglichkeiten in Bezug auf jene Dinge und Vorgänge, die wir selbst nicht beeinflussen können. Am plakativsten kommt diese Erkenntnis in dem bekannten „Handbüchlein der Moral" zum Ausdruck, das dem ehemaligen Sklaven Epiktet von Hierapolis (ca. 55–138) zugeschrieben wird: „Eins steht in unserer Gewalt, ein anderes nicht. In unserer Gewalt steht unser Denken, unser Tun, unser Begehren, unser Meiden – alles, was von uns selber kommt. Nicht in unserer Gewalt steht unser Leib, unsere Habe, unser Ansehen, unsere äußere Stellung – alles, was nicht von uns selber kommt" (Epiktet 1959, 21). Die daraus abzuleitenden Handlungsanweisungen orientieren sich am rechten Gebrauch der Vernunft, wie ihn bereits Sokrates und die Kyniker vorgelebt hatten und der zur Tugend und dadurch wieder zur Leidenschaftslosigkeit („Apatheia") führen soll. Die Affektbeherrschung bedeutet für die Stoiker das höchste Gut, ist ihre Eudämonie.

Die Vertreter der pyrrhonischen Skepsis stimmten mit Epikur darin überein, „dass man die Dinge nicht, wie die Stoiker wollten, beliebig umwerten könne, sondern dass wir in den Empfindungen der Lust und Unlust vorgegebene Wertungen hätten" (Hossenfelder 1996, 288). Die Bestrebungen Epikurs, über diese Emotionen jederzeit verfügen zu können, hielten sie aber für unerreichbar. Was die pyrrhonische Ethik auszeichnet, ist ihre Zurückweisung objektiver Güter und damit eine distanzierte Gelassenheit, was übrigens auch für die Glückseligkeit selbst gilt (Hossenfelder 1996, 288). Wer, so könnte man formulieren, das Glück krampfhaft zu erreichen versucht, ist bereits zum Scheitern verurteilt. Die Annahme der Skepsis sieht nun so aus, dass sich überhaupt nicht bestimmen lässt, was Glück ist, wodurch wir es auch gar nicht anstreben können bzw. sollten.

Die pyrrhonische Ataraxie ist das zufällige Ergebnis einer Unentschiedenheit, einer Urteilsenthaltung („epoché") bezüglich der objektiven Bedeutung von Dingen und Empfindungen. Den Vorgang der Suche nach der Wahrheit, die Unentschiedenheit, weil Unentscheidbarkeit, das Aufgeben der Suche und die sich darauf unerwartet einstellende Ataraxie beschreibt der Arzt und Skeptiker Sextus Empiricus (ca. 200–250) in seinem „Grundriss der pyrrhonischen Skepsis" so: „Denn der Skeptiker begann zu philosophieren, um die Vorstellungen zu beurteilen und zu erkennen, welche wahr sind und welche falsch, damit er Ruhe finde. Dabei geriet er in den gleichwertigen Widerstreit, und weil er diesen nicht entscheiden konnte, hielt er inne. Als er aber innehielt, folgte ihm zufällig die Seelenruhe in den auf dogmatischem Glauben beruhenden Dingen" (Hossenfelder 1996, 308). Das Problem, dass wir – wenn auch unabsichtlich – trotzdem immer wieder zu Bewertungen durch die Vernunft oder unfreiwillige sinnliche Erlebnisse gelangen, löst die Skepsis dadurch auf, dass sie auch die Übel als subjektive und nicht als absolute Gegebenheiten hinnimmt. Dadurch wird Leid, wenn schon nicht zum Verschwinden gebracht, so doch reduziert. Der Skeptiker erreicht die „Metriopathie" – sein Leiden hält sich in Maßen (Hossenfelder 1996, 290).

Wiedererfindung des Individuums: Renaissance

Es wäre falsch, anzunehmen, das Mittelalter hätte sich nicht um das Glück des Menschen im Diesseits gekümmert. Allerdings ist diese Sorge immer im Hinblick auf die Transzendenz formuliert. Da die Philosophie des Mittelalters nicht verstanden werden kann ohne ihre Einbettung in den Glauben an Gott – umfassende Glückseligkeit ist ohne sein Zutun nicht denkbar – und die entsprechende Theologie, soll dem Thema das folgende Kapitel gewidmet sein.

Mit der Neuzeit beginnt die Entdeckung der Welt und des Menschen. Als beispielhaft für die neue, an der Antike orientierte Einstellung des Menschen sich selbst und seinen Möglichkeiten gegenüber, zugleich aber als eine Art „Programmschrift" der Renaissance, lässt sich das Werk Giovanni Pico della Mirandolas (1463–1494) „Über die Würde des Menschen" (1486) lesen. Wurde die von Gott gegebene Menschenwürde im Mittelalter eher als etwas Statisches angesehen, so interpretiert die Neuzeit mit Pico (Buck in Pico 1990, VIIf.) sie als einen dynamischen Vorgang, „als die Verwirklichung einer Potenz des Menschen durch dessen schöpferische Kräfte". Als einzige von Gottes Kreaturen ist der Mensch mit dem freien Willen ausgestattet – und daher in der Lage, sein zu können, was immer er will. Er ist, mit einem Wort, das der italienische Renaissance-Baumeister Leon Battista Alberti (1404–1472) gebraucht, „uomo universale": der „Universalmensch" (Fellmann 2009, 64).

Zwar ist es aus Picos Sicht noch immer Ziel des Menschen, sich Gott anzunähern. Im Unterschied zur „unio mystica", jener mittelalterlichen Verschmelzung, die den Verlust der eigenen Subjektivität und damit Identität bedeutet, geht es Pico (Buck in Pico 1990, XIXf.) aber um „die höchste Steigerung des individuellen Selbstbewusstseins in der

Erkenntnis der Gottähnlichkeit der Seele"; wobei diese Vergottung des Menschen weder durch die Erbsünde belastet noch auf die Gnade Gottes angewiesen ist. Es handelt sich dabei also, wie August Buck in seiner Einleitung zu Picos Schrift sagt, um eine „Selbsterlösung des Menschen, begründet auf dem humanistischen Vertrauen in die Perfektibilität der menschlichen Natur aus eigener Kraft" (Buck in Pico 1990, XX). Der sich nun selbst erfindende Mensch definiert sich über seine Individualität und wird zum sprichwörtlichen „Renaissancemenschen".

Einen wesentlichen Impuls für diese Wiedererfindung nimmt der neuzeitliche Mensch aus der vielfältigen Erweiterung seines Horizontes: durch Entdeckungen (möglich gemacht unter anderem durch die Erfindung des Kompasses), die Kunst des Buchdrucks, die Entwicklung der Handels- und Geldwirtschaft und damit den Aufstieg des Bürgertums, das sich den Luxus leisten konnte, Individualität und subjektiven Geschmack zu entwickeln (Stichwort „Porträt-Malerei"). Der (wieder entdeckte) Individualismus der Renaissance erinnert an den des Hellenismus, mit einem wesentlichen Unterschied: War dieser Ausdruck des Gefühls einer zu Ende gehenden Epoche, ist jener das Horn, das zum Aufbruch in eine neue Zeit bläst (Fellmann 2009, 64f.).

Verweltlichung des Individuums: Moralistik

Zu einer regelrechten Ratgeberliteratur wuchsen sich die Schriften der Moralisten aus. Sie knüpften inhaltlich an den Denkern der Renaissance und damit auch an der antiken Philosophie der Lebenskunst an. Je nach Entstehungszeit, kulturellem Umfeld und Zielpublikum befassten sie sich – mit unterschiedlicher Gewichtung und unterschiedlichen Ergebnissen – mit Fragen nach der Natur des Menschen, seiner Selbstbehauptung innerhalb der jeweiligen Gemeinschaft und der Gestaltung eines vernunftgemäßen Lebens, das Aussicht auf Glückseligkeit haben könnte.

Der Moralistik lassen sich bereits Werke wie „Das Buch vom Hofmann" (1528) des Italieners Baldassare Castiglione (1478–1529) oder auch Niccolò Machiavellis (1469–1527) Schrift „Der Fürst" (1513) zurechnen. Ihren Höhepunkt erreicht die Moralistik allerdings erst im Frankreich des 17. Jahrhunderts, wobei hier mehr Gewicht auf das soziale Leben gelegt wird als auf das starke Individuum wie noch bei den Moralisten der italienischen Renaissance (Fellmann 2009, 75). Als besonders bedeutsam gelten der eigentlich noch im 16. Jahrhundert lebende Michel de Montaigne (1533–1592) mit seinen „Essais" und François de La Rochefoucauld (1613–1680), der mit seinen „Reflexionen oder Sentenzen und moralische Maximen" den Menschen pessimistisch als egoistisch und von Leidenschaften beherrscht entlarvt.

In Montaignes manchmal stoisch-gelassenen, manchmal kritisch-skeptischen, meist aber heiter-entspannten 107 „Essais" findet sich übrigens kein einziger, der sich explizit auf das „Glück" bezieht. Die Themen und Titel seiner „Versuche" (so die eigentliche Bedeutung des französischen Wortes) sind verschiedenen, teils philosophisch anspruchsvolleren („Über den rechten Umgang mit dem Willen"), teils scheinbar banalen und alltäglichen Fragestellungen („Über die Daumen", „Über das Schlafen") gewidmet, deren Ausführungen unter seiner Feder zu eleganten und mit Genuss zu lesenden Abhandlungen gerinnen. In ihrer Vielfalt, die sämtliche Phänomene des menschlichen Lebens erfasst, bringen sie dennoch indirekt zum Vorschein, wie dieses glücklich gestaltet werden kann.

Der spanische Jesuit Balthasar Gracián (1602–1658) steht mit seinem Sentenzen-Band „Handorakel und Kunst der Weltklugheit" wie ein Mittler zwischen der italienischen und der französischen Moralistik, wobei vordringlich sein Einfluss auf Letztere bedeutsam ist. Er gilt als Hauptvertreter des spanischen „Goldenen Zeitalters" und inspirierte auch die höfische deutsche Literatur seiner Zeit, aber nicht nur sie: Arthur Schopenhauer ließ es sich nicht nehmen, seinen „Lieblingsschriftsteller" selbst vom Spanischen ins Deutsche zu übersetzen.

Die Moralisten, deren besonderes Anliegen die Selbsterkenntnis des Menschen war, gaben, wechselnd in Stil und Dichte, Analysen zu einer Palette von Themen (soziologische, politische, ökonomische, religiöse, moralphilosophische etc.) und unterzogen damit ihre Zeit, nicht zuletzt im Hinblick auf ihr Glückspotenzial, einer umfassenden Bestandsaufnahme.

Primat der Ethik: Kant

Die Überlegungen, was Menschen zu tun hätten, um ein gutes Leben zu führen, haben sich seit der Antike kontinuierlich gewandelt. Während damals Glück und Moral noch zusammengehörten, verlor diese Annahme stetig an Plausibilität. Die Ausrichtung des Mittelalters auf Gott und auf die ewige Seligkeit nach dem Tod fiel schon alleine deshalb auf fruchtbaren Boden, weil der Großteil der Menschen aufgrund von Armut und mangelnder Bildung den elitären Eudämoniebegriff der Antike nicht verwirklichen konnte. Der Pessimismus der christlichen Anthropologie – des Menschen Natur ist schlecht durch die Erbsünde – hat die Selbsterlösungsfähigkeit, wie die antiken Tugendlehren sie noch für möglich hielten, untergraben. Glück im Diesseits ist eine Illusion, Glück im Jenseits (je nach religiösem Modell) bestenfalls durch moralisch korrektes Handeln zu Lebzeiten und – oder nur – durch die Gnade Gottes zu erlangen.

Mit Immanuel Kants (1724–1804) Beitrag findet jäh ein Bruch innerhalb der Ethik statt. Die Grundsätze des Handelns, die in der Antike nicht nur das eigene Glück beförderten, sondern auch den moralischen Ansprüchen der Gemeinschaft Genüge zu leisten vermochten, reichen nicht mehr aus. Nein, sie können im schlimmsten Fall sogar kontraproduktiv sein, wenn es darum geht, das moralisch Richtige zu tun. Auf die sich selbst gestellte Frage: „Was soll ich tun?", antwortet Kant nicht damit, das eigene Glück, selbst unter Rücksichtnahme auf die anderen Menschen, zu verwirklichen. Er fordert zu moralischem Handeln auf, ohne dabei auf Eigeninteressen zu schielen. Ob dieses Tun irgendwann einmal auch zum eigenen Glück führen kann, obliegt nicht dem Handelnden selbst.

Um zu überprüfen, ob die subjektiven Regeln des Einzelnen der Moral gerecht werden, müssen sie sich einem strengen Verfahren unterziehen. Sie sollen laut Kant in eine Formel – den „kategorischen Imperativ" – eingesetzt werden, bei deren Ausführung das Ergebnis über moralisch oder unmoralisch entscheidet. Der Mechanismus dieses Verfahrens ist die reine (praktische) Vernunft selbst, die darüber befindet, ob die eigenen Maximen (so nennt Kant die höchsten subjektiven Gesetze, nach denen jeder Mensch zu leben beabsichtigt) ihrem Kriterium standhalten.

Kant geht es dabei nicht um konkrete Resultate, mit denen künftig zu rechnen sein könnte. Ob die Welt eine bessere oder schlechtere würde, wenn jeder sein Handeln verallgemeinern und somit zum für Alle geltenden Gesetz erheben würde – etwa die Maxime lügen zu dürfen, wann immer es ihm praktikabel erscheint –, ist irrelevant. Der rein logische Widerspruch ist es, um den es Kant dabei geht. So gibt es Maximen, deren Verallgemeinerung sich zwar denken, aber nicht wollen können lässt (zum Beispiel jene, anderen Menschen in Not nicht zu helfen). Kann eine Maxime gedanklich jedoch nicht verallgemeinert werden, ohne dabei in einen Widerspruch zu geraten, ist sie unmoralisch. Würde also das Lügen (etwa beim Geben eines Versprechens schon zu beabsichtigen, dieses nicht zu halten) zum allgemeinen Gesetz, würde die Institution des „Versprechens" sich damit – rein logisch betrachtet – in Luft auflösen.

Der Zusammenfall von Moralität und Glückseligkeit ist für Kant das höchste Gut, anstreben darf man es aber nicht, denn sonst würde es wiederum zum (unmoralischen) Motiv des eigenen Handelns. Kant (1993, 252ff.) hat mit seinen beiden „Postulaten der reinen praktischen Vernunft" – der Unsterblichkeit der Seele und des Daseins Gottes – die notwendig zu denkenden Voraussetzungen dafür genannt, wie dieser Zusammenfall stattfinden kann. Der ontologische Status der beiden Gegenstände ist nicht ganz einfach zu erklären: „Ihr Dasein wird nicht durch eine mögliche Anschauung, sondern durch die Wirklichkeit des Sittengesetzes bewiesen. Weil der Mensch unter dem Sittengesetz steht, ist er durch die Vernunft genötigt, an die Unsterblichkeit der Seele und das Dasein Gottes zu glauben. […] Für Kant sind Unsterblichkeit und Gott wirkliche Gegenstände, allerdings nicht der empirischen, sondern der moralischen Welt" (Höffe 1992, 249).

Es wäre ein Missverständnis, Kant zu unterstellen, er wäre dagegen, dass die Menschen glücklich seien. Die Glückseligkeit ist vielmehr ein wichtiges Element seiner Ethik. Allerdings ist sie eben nicht das höchste Gut, wie dies für die Denker der Antike galt. Kants höchstes Gut ist die Tugend als Moralität. Der moralische Mensch „ist zwar des Glückes würdig, aber nicht notwendigerweise tatsächlich glücklich. […] Das höchste Gut besteht in der Übereinstimmung der Glückseligkeit mit der Moralität (Glückswürdigkeit)" (Höffe 1992, 250). Diese für die nach dem leiblichen Tod vom physischen Ballast befreite Seele zu verwirklichen, das bleibt Gott in der jenseitigen Unendlichkeit überlassen.

An die Stelle der antiken, auf das Diesseits bezogenen Eudämonie setzt Kant (1993, 247) dennoch eine Neuinterpretation von irdischem Glück, die mit seinem Moralbegriff schon zu Lebzeiten kompatibel ist: „Hat man aber nicht ein Wort, welches nicht einen Genuss, wie das der Glückseligkeit, bezeichnete, aber doch ein Wohlgefallen an seiner Existenz, ein Analogon der Glückseligkeit, welche das Bewusstsein der Tugend notwendig begleiten muss, anzeigte? Ja! Dieses Wort ist *Selbstzufriedenheit* […]. Freiheit und das Bewusstsein derselben, als eines Vermögens, mit überwiegender Gesinnung das moralische Gesetz zu

befolgen, ist *Unabhängigkeit von Neigungen,* [...] wenigstens als bestimmenden [...] Bewegursachen unseres Begehrens, und, so fern, als
ich mir derselben in der Befolgung meiner moralischen Maximen bewusst bin, der einzige Quell einer notwendig damit verbundenen [...]
unveränderlichen Zufriedenheit."

Nutzen als Ziel: Utilitarismus

Neben der eudämonistischen Tugendethik und der Pflichtenethik
Immanuel Kants gilt die Ethik des Utilitarismus als dritte, originäre
Variante, das menschliche Handeln unter dem Aspekt des moralisch
Richtigen anzuleiten. Während in der Antike „Moral" und „Glück" zu-
sammenfallen, hat Kant die beiden getrennt, um die Moral nicht durch
subjektive Faktoren zu verunreinigen. Die Engländer Jeremy Bentham
(1748–1832) und John Stuart Mill (1806–1873) hingegen wollen das
Glück wieder in seine Rechte einsetzen und erklären es kurzerhand zum
höchsten Gut, Maßstab und Ziel allen moralischen Strebens. Es geht
den Utilitaristen dabei nicht um ein rücksichtslos zu verwirklichendes
egoistisches Glück des Einzelnen, sondern um den größtmöglichen
Nutzen bzw. das größtmögliche Glück für die größtmögliche Zahl
von Menschen, genauer gesagt: für leidensfähige Lebewesen, womit
zumindest höhere Tiere einbezogen werden (Höffe 2003, 55ff.). Bereits
der klassische Utilitarismus weist einen demokratischen Zug auf, denn
jeder zählt nur für einen, keiner zählt mehr als einer (Höffe 2003, 19).
   Die einzig legitime Richtschnur beim Fällen von Entscheidungen
für oder gegen eine bestimmte Handlung ist schnell aufzufinden: „Die
Natur hat die Menschheit unter die Herrschaft zweier souveräner Ge-
bieter – *Leid* und *Freude* – gestellt. Es ist an ihnen allein aufzuzeigen,
was wir tun sollen, wie auch zu bestimmen, was wir tun werden" (Bentham zit. n. Höffe 2003, 55). Für die Feinabstimmung, welche Güter bei
Entscheidungen höher zu bewerten sind als andere, hat sich Bentham
einen Katalog an Kriterien, einen Nutzenkalkül ausgedacht, der sich
wie folgt zusammensetzt: „Intensität", „Dauer", „Gewissheit oder Un-
gewissheit", „Nähe oder Ferne" des Eintretens, „Folgenträchtigkeit",
„Reinheit" und „Ausmaß", das heißt die Zahl der betroffenen Individuen (Bentham zit. n. Höffe, 79ff.).
   Dem Vorwurf der Kritiker Benthams, dessen Entwurf würde sich
bloß auf die Quantität von Lust bzw. Glück beziehen, die unterschied-

lichen Qualitäten aber außer Acht lassen, begegnet John Stuart Mill mit einer Überarbeitung des Utilitarismus. Dabei ordnet er die intellektuellen, zumindest aber durch Bildung erworbenen Möglichkeiten der Verwirklichung von Glück höher ein als die rein animalischen, was Mill (1991, 18) in einer humorvollen Passage seiner kleinen Schrift „Der Utilitarismus" (1863) so argumentiert: „Es ist besser, ein unzufriedener Mensch zu sein als ein zufriedenes Schwein; besser ein unzufriedener Sokrates als ein zufriedener Narr. Und wenn der Narr oder das Schwein anderer Ansicht sind, dann deshalb, weil sie nur die eine Seite der Angelegenheit kennen."

Der Utilitarismus war schon zur Zeit seines Entstehens attraktiv und erfreut sich auch heute einer gewissen Beliebtheit. Das Anziehende dieser Philosophie besteht in ihrer unmittelbaren Rückkopplung an den erfahrbaren und somit zumindest prinzipiell messbaren Nutzen, an das Glück, das ihre Verwirklichung dem Einzelnen zu verschaffen verspricht.

Mitleid mit dem Leid: Schopenhauer

Von der Philosophie zu erwarten, sie könnte tatsächlich Glückseligkeit bewirken, beruht für Arthur Schopenhauer (1788–1860), der dies verneint, auf einer Selbsttäuschung des Menschen über seine wahre Natur. Die Unmöglichkeit, Glück endgültig zu erreichen, liegt an der metaphysischen Grundstruktur der Welt, wie Schopenhauer sie auffasst, und daran, dass, wie er in seinem Hauptwerk „Die Welt als Wille und Vorstellung" notiert, „wesentlich *alles Leben Leiden ist*" (Schopenhauer 1993, I, 426). Das „Ding an sich" Kants, das dieser nicht direkt erfassen konnte, identifiziert Schopenhauer mit dem „Willen": einem blinden Drang, der sich in sämtlichen Phänomenen dieser Welt manifestiert. Ein Stillen dieses ewigen Durstes ist per definitionem auf Dauer unmöglich, denn mit jeder Befriedigung taucht sofort das nächste Bedürfnis auf (Grün 2000, 90).

In Schopenhauers nicht ganz zu Unrecht als pessimistisch bezeichneter Philosophie birgt sich dennoch ein Funken Hoffnung. Wenn nämlich das Glück schon nicht erreichbar ist, so lässt sich zumindest das Leid dieser Welt, oder wenigstens die Empfindung desselben, punktuell vermindern.

Der Schlüssel zu einer solchen Milderung der schmerzvollen Grund-

tönung unseres Daseins findet sich in Gestalt des Mitleids. Allerdings
ist hier Vorsicht geboten, denn an die moralphilosophischen Versuche,
„Mitleid" a priori zu deduzieren, ist bei Schopenhauer nicht zu denken. Während die übliche Interpretation Mitleid als eine Art von über-
natürlichem Gefühl ansieht, das uns als „Krone der Schöpfung" dem
egoistisch Tierhaften entzieht und uns in quasi göttliche Sphären rei-
ner Selbstlosigkeit emporhebt und das wir über eine rationale Analyse
widerspruchsfrei auffinden können, ist es für Schopenhauer Ergebnis
einer rein empirischen Betrachtung. Die ernüchternde Erkenntnis,
dass der Einzelne an derselben Krankheit leidet wie die Übrigen, ist
das „Geheimnis" dieses Gefühls. In dieser, im wörtlichen Sinne empa-
thischen Identifikation mit dem Anderen, der gequälten Kreatur, egal
in welcher Gestalt sie uns entgegentreten mag, verbirgt sich die mo-
menthafte magische Selbstaufhebung des Leides. Mag der Akt ange-
wandten Mitleids auch Seltenheitswert haben, als das totale Gegenteil
zum Grundtrieb alles Lebenden, dem Egoismus, überbietet er sämtliche Versuche, das Gute zu definieren und somit dadurch, parallel
oder im Gegensatz dazu, menschliche Glückseligkeit zu verwirklichen
(Grün 2000, 97f.). Diese mag auf ewig unerreichbar, unverwirklichbar
sein. Schopenhauer holt mit seiner Auffassung des Mitleids unter diesen denkbar schlechtesten Umständen das Bestmögliche heraus.

Die Reise durch die philosophischen Versuche, sich des Glücks, zumindest theoretisch, anzunähern, bei Schopenhauer zu beschließen,
scheint auf den ersten Blick willkürlich. Tatsächlich lässt sich dieser
abrupte Halt aber begründen. Bewohnten die verschiedenen Disziplinen des Wissens zu Anbeginn unserer Kulturgeschichte noch das Haus
der einen Universalwissenschaft Philosophie, so wurden sie durch die
Jahrhunderte erwachsen und zogen aus, um ihr eigenes Leben zu führen. Noch zu Zeiten Kants, der einige dieser Fächer selbst unterrichtete,
gehörten die Psychologie und Pädagogik, diverse Vorläufer von Sozial-
und Geisteswissenschaften, aber auch die Mathematik und Naturwissenschaften zur philosophischen Fakultät. Spätestens im 19. Jahrhundert verabschiedeten aber auch sie sich aus dieser Gemeinschaft und
etablierten sich als eigene Wissenschaften, die je nach Untersuchungs-
objekt und Methodik dem Glück nachspürten.

3

Das erglaubte Glück: Angebote aus der Religionsgeschichte

Wo Zufallsglück und seine magische Beschwörung versagen und wo die intellektuellen Anstrengungen der Philosophen an ihre Grenzen stoßen, beginnt der Glaube. Religionen versprechen Trost in der Stunde der Not. Anstatt sich an das flüchtige Glück des Diesseits zu klammern, akzeptieren sie die Vergänglichkeit und verkünden ewiges Glück. Das Paradies als unendliches Finale ist eine Wiederentdeckung: Viele Vorstellungen verheißen die Errichtung eines Zustandes, der vor Zeiten bestanden hat, durch Einwirken der Götter oder einen Fehltritt des Menschen aber verloren ging – ein „Goldenes Zeitalter", das verfiel, oder ein „Paradies", aus dem die ersten Menschen vertrieben wurden. Das Design des Jenseits ist oft irdischen Vorstellungen entnommen und ins Unendliche gesteigert. Es gibt rein seelische oder auch körperliche Aufnahme, ewige Glückseligkeit steht nur den Tugendhaften oder durch Gottes Gnade auserwählten Menschen zu. Die Paradiese der Antike sind ursprünglich elitär: Halbgöttern und Heroen wird der Eintritt ins Elysion (lat.: Elysium) gewährt, für Normalsterbliche ist ein Leben im Hades, einer tristen Unterwelt vorgesehen. Schlimmer trifft es jene, die ihr unmoralisches Erdendasein im Tartaros büßen, einer Art Hölle. Im Laufe der Zeit wird das Paradies demokratisiert. Bald werden auch Sünder aufgenommen, die ewige Verbannung in den Tartaros weicht der Möglichkeit, nach Abbüßen der verhängten Strafe aufzusteigen in die ewige Seligkeit. Das jüdisch-christliche Paradies wandelt sich durch die Jahrhunderte. Anthropozentrische und theozentrische Varianten wechseln sich ab.

Grenzen des Möglichen und ihre Überschreitung: Augustinus, Thomas von Aquin

Der Abergläubige klammert sich an Magie, in der Hoffnung, ein kleines Stück vom Glück zu erhaschen. Der Volksmund lehrt, dass ein wenig davon mit Alltagsverstand zu bekommen ist, aber nicht auf Dauer. Die Philosophen wenden ihren Intellekt auf, um die dem Menschen mögliche Glückseligkeit zu analysieren und Handlungsanweisungen zu liefern. Auch sie wissen um die schwere Erreichbarkeit, Zerbrechlichkeit und Endlichkeit des Glücks und integrieren dieses Wissen in ihre Entwürfe. Das „philosophische Glück" beruht auf der Kenntnis des maximal Möglichen.

Nicht jeder akzeptiert diese Selbstlimitierung, manch einer will die Grenzen überschreiten. Die Anhänger des religiösen Glaubens versuchen gar nicht erst, dem Menschen und seinem endlichen Dasein zu viel aufzubürden. Für sie sind Glück und sein Gegenteil nichtige Phänomene eines irdischen Durchgangsstadiums. Physische Freuden, aber auch Krankheit, Leiden und Tod haben keine Bedeutung im Angesicht der ewigen Seligkeit in Gott. Wert bezieht das Leben nur vom Tod her betrachtet, der als Pforte zu einer anderen Wirklichkeit dient, einem Ende, das den Anfang unendlichen Glücks verheißt – aber nur für jene, die ohne Tadel sind.

Paradiesvorstellungen existierten auch schon in verschiedenen frühen Kulturen und sind keine Erfindung von Judentum, Christentum und Islam. Nach dem Mittelalter verlieren Gott und Religion für viele trotz der sich immer stärker durchsetzenden modernen Naturwissenschaft und Technik nicht an Bedeutung, im Gegenteil: Neue religiöse Gruppierungen, von den etablierten Religionsgemeinschaften abschätzig als „Sekten" bezeichnet, stillen das Bedürfnis nach Geborgenheit in einer Welt, die diese trotz oder gerade wegen ihrer Wissenschaftlichkeit und technokratischen Kälte nicht bieten kann.

Für Europa ist das Mittelalter das Zeitalter Gottes. Die Philosophen in dieser ca. 1000 Jahre während en Epoche sind überwiegend Theologen oder in ihrem Denken maßgeblich von einer der drei monotheistischen Weltreligionen beeinflusst. In ihren Versuchen steht meist das Bestreben im Mittelpunkt, antike Weisheit mit dem Glauben an ihren Gott zu verbinden. Für Augustinus (354–430), in der aristotelisch-stoischen Tradition stehend, ist das Glücksstreben eine Konstante des menschlichen Wesens. In seiner Schrift „De beata vita" („Über das

Glück"), entstanden um 386, skizziert er „Glück" als das, worin alles Handeln und Begehren zur Ruhe kommt (Augustinus 1989). Da aber nicht alles, was ersehnt und erreicht wird, tatsächlich zu dauerhaftem Glück führt, ist für den jungen Augustinus ein Gut anzustreben, das dieses Glück gewährleisten kann: Gott (Horn 1995, 43ff.). Durch die „Betrachtung" Gottes, sein „Besitzen" ist eine gewisse Glückseligkeit im Hier und Jetzt zu erlangen. Dazu ist eine tugendhafte Lebensweise Voraussetzung, erreichen kann sie nur, wer „seinen Willen" tut, ein „gutes Leben" führt, einen „reinen Geist" hat.

Später betont und erneuert Augustinus die Position der Platoniker in Gestalt der neuplatonischen Rückkehr der Seele zum göttlichen Ursprung. Der am Körper ausgerichteten Lehre vom höchsten Gut, wie er sie den Epikuräern unterstellt, und jener der Stoiker, die sich auf die Seele konzentriert, stellt er Gott als „summum bonum" entgegen. Für Platon war das tugendhafte Leben Ziel des menschlichen Daseins. Der Weg hierzu liegt gemäß dem jungen Augustinus in der Gottsuche (Horn 1995, 45). Dem späteren Augustinus, ab ca. 396, als er seine neue Gnadenlehre erstmals präsentiert, scheint diese zumindest teilweise auf intellektuellem Weg im Diesseits zu erlangende Glückseligkeit verloren gegangen zu sein. Nun ist es dem Menschen nicht mehr möglich, sich durch Nachdenken und moralisch korrektes Verhalten auf die Gnade vorzubereiten. Denn nur Gott gibt sie jenen, denen er sie geben will – und versagt sie allen, denen er sie nicht schenken möchte. Ganz verbannte Augustinus zwar bis zuletzt die Erkennbarkeit Gottes durch den Menschen nicht, aber er erschwerte sie. Glückseligkeit blieb weiterhin das Ziel des Menschen, ihr Erreichen hing aber jetzt von Gottes Willen, nicht von Einsicht und Tugend ab. Ihre Vollendung findet sie erst durch den Eintritt der menschlichen Seele in die ewige Herrlichkeit (Flasch 1988, 36ff.).

Für Thomas von Aquin (ca. 1225–1274) ist Glück nicht gleich Glück. Er unterscheidet zwischen einem unvollkommenen („beatitudo imperfecta") und einem vollkommenen Glück („beatitudo perfecta"). Anknüpfend bei Aristoteles, erkennt er das Glücksstreben des Menschen im Diesseits zwar an. Seine Erfüllung ist jedoch nicht perfekt. Das ungetrübte Glück der Götter, so Aristoteles, ist den Sterblichen nicht zugänglich. Die dem Menschen zu Lebzeiten als erreichbar in Aussicht gestellte Eudämonie des Aristoteles ist für Thomas ebenfalls ein noch nicht vollkommenes Glück, eben jene „beatitudo imperfecta". In Einsprengseln ist in dieser unperfekten Glückseligkeit die perfekte, die „beatitudo perfecta", jedoch bereits enthalten. Es bietet sich eine, wenngleich ihm kaum im Ansatz nahe kommende Vorahnung des perfekten Glücks in und durch Gott. Allerdings: Für seine Erfüllung ist der Mensch auf ein entsprechendes Geschenk des Allmächtigen angewiesen. Unverfälscht kann er mit seinen durch die leibliche Hinfälligkeit getrübten Sinnen die „beatitudo perfecta" noch nicht erkennen.

Während für Aristoteles ein gelungenes, glückliches Leben sich dadurch auszeichnet, über seine gesamte Dauer und im Moment des Todes als glücklich angesehen zu werden, endet das dem Menschen durch sein eigenes Zutun mögliche Glück für Thomas im Moment des Todes. Hier aber beginnt nun die Übersteigerung der menschlichen Glückseligkeit durch Gott – ein Weg, der den antiken Glückslehren, namentlich jener des Aristoteles, auf der Thomas aufbaut, nicht mehr offen steht (Forschner 2006, 185ff.). Der Begriff „beatitudo", der in der christlichen Theologie Bedeutung erlangt hat, wird dort nicht als Glück oder Glückseligkeit übersetzt. Im religiösen Kontext findet vielmehr die Bezeichnung „Seligkeit" Verwendung. Der maximal positive Zustand des Menschen wird hier nicht mehr in der Welt, sondern in der Transzendenz, in größtmöglicher Nähe zu oder Gemeinschaft mit Gott gesehen. Problematisch am Sprechen über diese „Seligkeit" ist die Gebundenheit der Begriffe an unsere innerweltlichen Erfahrungen. Und hier liegt auch stets die Gefahr für die Gläubigen: Die Transzendenz, die Seligkeit in Gott, kann mit den verwendeten profanen Beschreibungen nur metaphorisch oder durch den Einsatz von Mythen angedeutet, darf aber nicht mit diesen verwechselt werden.

Immer und alles: Paradiesische Urzustände

Der Glaube an Götter und ihre Bedeutung für die Verwirklichung des menschlichen Glücks nach (und teilweise auch schon vor) dem physischen Tod hat schon in der griechisch-römischen Antike einen hohen Stellenwert. Auch Germanen und Kelten pflegen ihre Ideen von einer Existenz im Jenseits, die partiell in einer Reinkarnation und Fortsetzung des ursprünglichen physischen Lebens besteht (Braun 1996, 164ff.). Das Wort „Paradies" ist ein Lehnwort aus dem Persischen. Dort bezeichnet es einen „umzäunten Raum" oder „Garten" bzw. „Park". Nicht alle Vorstellungen vom Paradies beziehen sich übrigens auf die Zukunft und ein Leben nach dem Tod. Die verschiedenen Modelle lassen sich grob in drei Gruppen einteilen: in solche, die von einem Urzeitparadies sprechen; in jene, die einen Zustand im Diesseits bezeichnen; und zuletzt in Paradiese im Jenseits, die erst nach dem und durch den Tod erreichbar sind (Steinwede / Först 2005, 18ff.).

Der Begriff des „Goldenen Zeitalters", auf das ein qualitativer Abstieg folgt („Silbernes", „Ehernes", „Eisernes Zeitalter"), taucht in der griechisch-römischen Mythologie auf. Hesiod, wahrscheinlich beeinflusst von den Geschichten aus dem Vorderen Orient, berichtet in „Werke und Tage" von der Zeit der Herrschaft des Kronos, der später von seinem Sohn Zeus gestürzt wird: Die Menschen lebten wie die Götter, „unbelasteten Sinnes, / unbehelligt und frei von Mühsal und Leid. Nicht ergriff sie / elendes Alter; stets die gleichen an Händen und Füßen, / freuten sie sich an Gelagen, fern von jeglichem Übel. / Wie vom Schlafe gebannt, so starben sie. Alles, was gut ist, / fiel ihnen zu. Es trugen die nahrungspendenden Fluren / ganz von allein einen üppigen, vollen Ertrag" (Hesiod 1994, 50). Auch Platon (1991, VII, 345ff.) schildert in seinem „Politikos" („Der Staatsmann") in ähnlicher Weise dieselbe Epoche des Kronos. Und in seinen „Metamorphosen" beschreibt Ovid (43–ca. 17 n. Chr.) das ursprüngliche, paradiesische Zeitalter wie folgt: „Erst nun sprosste von Gold das Geschlecht, das ohne Bewachung / Willig und ohne Gesetz ausübte das Recht und die Treue. / Strafe wie Furcht war fern. […] Schutz hatten sie ohne den Richter / […] Ohne des Kriegers Bedarf die Tage den sicheren Völkern. / […] Undienstbar und verschont von dem Karst und von schneidender Pflugschar / Nimmer verletzt gab alles von selbst die gesegnete Erde / […] Da war ewiger Lenz, und gelind mit lauem Gesäusel / Küsste die Blumen der West, die sprosseten ohne Besamung. / Nicht vom Pfluge bestellt trug bald auch Halme die Erde" (Ovid 1973, I, 6ff.). Gemeinsam sind all diesen Beschreibungen des „Goldenen Zeitalters" die üppige Ausstattung mit Nahrung, die ganz ohne die Mühsal von Ackerbau und Viehzucht zur Verfügung stand, angenehme Witterungsbedingungen, ein ästhetisch ansprechendes Ambiente sowie ein friedvolles Zusammenleben der Menschen mit ihresgleichen und den Tieren.

Die biblische Schilderung des Paradieses zu Anbeginn der Schöpfung findet man im 2. und 3. Kapitel der Genesis. Die Endfassung dürfte auf 400 v. Chr. datieren, die ursprüngliche Version könnte aber zwischen dem 9. und dem 7. vorchristlichen Jahrhundert entstanden sein und aus dem Umfeld der Schreiberschulen am Hof oder Tempel von Jerusalem stammen. Zu dem in diesen Intellektuellenzirkeln gehörenden Wissen zählten neben den geographischen, naturwissenschaftlichen und historischen Kenntnissen auch solche mythologischer Art.

Zunächst ist die Erde eine Wüste, es gibt noch keine Menschen, um den Boden zu bestellen. Dieser Garten ist so gestaltet, dass der Mensch dort vorerst nicht arbeiten muss, um sein Überleben zu sichern. Doch gibt es „in der Mitte des Gartens aber den Baum des Lebens und den Baum der Erkenntnis von Gut und Böse" (Gen 2,9). Im Unterschied zu der den Garten umgebenden Wildnis darf man sich ihn als eine kultivierte Anlage vorstellen. Erst später erhält der Mensch von Gott den Auftrag, den Garten zu bebauen und zu hüten. Damit ist klar, dass das Paradies kein Schlaraffenland ist, auch wenn die von seinen Bewohnern zu verrichtende Arbeit noch nicht Last und Mühsal bedeutet. Die Qual des täglichen Kampfes ums Überleben kommt erst durch den Sündenfall und dessen Ahndung durch die Vertreibung aus dem Paradies in die Welt. Der Mensch sehnt sich immer schon nach zeitlosem, niemals enden wollendem Glück. Als Voraussetzung dafür benötigt er jedoch ewiges Leben. Der Baum des Lebens steht symbolhaft für die Sehnsucht danach. Dieses Streben nach Unvergänglichkeit findet man in vielen Kulturen. Der „Baum" findet sich bereits im Gilgamesch-Epos, nur dass es sich dort um eine Pflanze auf dem Meeresgrund handelt, deren Verzehr jünger machen soll, was auch für die goldenen Äpfel der Hesperiden in der griechischen Mythologie gilt.

Ein wesentliches Motiv für die ausufernd schönen Darstellungen des ursprünglichen Paradieszustandes auf Erden kann darin gesehen werden, dass mit ihnen und der Geschichte ihrer Zerstörung durch Götter oder Menschen die gegenwärtigen Beschwernisse des menschlichen Daseins erklärt und begründet werden können.

Erkenntnis als Erbsünde: Vom Verlust der Unschuld

In den antiken Mythen ist es meist die „Schuld" der Götter, weshalb das „Goldene Zeitalter" zu Ende geht und weniger glanzvollen weichen muss. Das Leiden der Menschen führt Hesiod („Werke und Tage", „Theogonie") darauf zurück, dass Zeus sich an seinem Sohn Prometheus rächen wollte. Dieser hatte ja bekanntlich nicht nur dabei geholfen, seinen Vater zu betrügen, indem er die schlechtere der beiden Portionen des Opfertieres äußerlich attraktiver aussehen hatte lassen. Er hatte außerdem das Feuer von den Göttern gestohlen und zu den

Menschen gebracht. Als Reaktion darauf sandte Zeus eine wunderschöne Frau, die als Urmutter aller Frauen gilt und den Menschen alle denkbaren Übel und Krankheiten brachte – das einzig positive Gut, die Hoffnung, jedoch (unfreiwillig) zurückbehielt. Bei dieser Frau handelte es sich um Pandora.

Den Baum der Erkenntnis von Gut und Böse als Möglichkeit des Menschen, sich durch eigenes Verschulden das Paradies zu entziehen, gibt es nur in der Bibel. Mit ihm beginnt das Drama des Verlustes ewiger, paradiesischer Glückseligkeit in der jüdisch-christlichen Mythologie. Dass der Mensch vor dem Sündenfall unsterblich war, kann einerseits deshalb angenommen werden, weil Adam und Eva von allen Früchten des Gartens essen dürfen, nur nicht von jenen des Baumes der Erkenntnis. Der Verzehr der Früchte des Baumes des Lebens war also bis zur Vertreibung erlaubt und garantierte somit Unsterblichkeit. Andererseits schildert die Genesis die Drohung Gottes, was beim Konsum vom zweiten der beiden Bäume passieren würde: „Doch vom Baum der Erkenntnis von Gut und Böse darfst du nicht essen; denn sobald du davon isst, wirst du sterben" (Gen 2,17). Das Sterben ist keine direkte, sondern eine indirekte Folge des Beißens in den Apfel. Dieser ist nicht vergiftet, führt daher nicht selbst zum Tod, jedoch zur Verbannung aus dem Paradies – der Zugang zum Baum des Lebens und seinen Früchten ist damit versperrt.

Es kommt, wie es kommen muss: Die verbotene Frucht wird genossen. Und Gott tritt auf, um die Übeltäter zu bestrafen: „Unter Mühsal wirst du von ihm [dem Ackerboden] essen alle Tage deines Lebens. / Dornen und Disteln lässt er dir wachsen, und die Pflanzen des Feldes musst du essen. / Im Schweiße deines Angesichts sollst du dein Brot essen, / bis du zurückkehrst zum Ackerboden; von ihm bist du ja genommen. / Denn Staub bist du, zum Staub musst du zurück" (Gen 3,17). Mit diesem Urteilsspruch nimmt Gott den ersten Menschen nichts weg, was ihnen rechtens zugestanden wäre. Als vom Ackerboden geschaffene Kreatur ist Adam (und für die aus seiner Rippe gefertigte Eva gilt das Gleiche) von Anfang an sterblich. Nur durch das Geschenk Gottes, die Aufenthaltsgenehmigung im Paradies, verbunden mit dem Recht, vom Baum des Lebens zu essen, durften die Menschen vorübergehend das Glück in der Unsterblichkeit genießen (Krauss 2004, 39ff.).

Die Erbsünde als Folge des Handelns gegen den Willen Gottes ist eine rein christliche Variation der biblischen Erzählung. Durch das Leiden und Sterben des Gottessohnes wird dieses Vergehen bekanntlich wieder korrigiert. Für die Juden gibt es keine Kollektivverantwortung, bei den Christen fällt diese jedoch unterschiedlich groß aus. Das Vergehen von Adam und Eva führt in der ursprünglichen christlichen Auffassung zur Schwächung im Tun des Guten, in der protestantischen Version sogar zur Unfähigkeit, Gutes zu tun. Der Mensch ist damit ganz auf die Gnade Gottes angewiesen. Aber die Erlösungstat Christi, das zeigt sich etwa im Paulusbrief an die Römer, rehabilitiert die Menschen: „Wie durch den Ungehorsam des einen Menschen die vielen zu Sündern wurden, so werden auch durch den Gehorsam des einen die vielen zu Gerechten gemacht werden" (Röm 5,19). Damit ist der Wiedererlangung der einst verlorenen Glückseligkeit der Weg bereitet.

Inseln der Seligen: Antike Paradiesvorstellungen

Dem Paradies, dem guten und hellen Jenseits, wird oft eine Unterwelt oder Hölle entgegengestellt. Dass diese nicht einer Hölle im christlichen Sinn des Wortes entsprechen muss, zeigt der Hades der griechischen Antike, der zwar als kein besonders erfreulicher Ort beschrieben, aber nicht als Stätte ewiger Strafe und Höllenqual gedacht wurde. Dafür haben die Griechen den Tartaros ersonnen, der unterhalb des Hades liegt und in den besonders böse Menschen (Tyrannen, Tempelräuber, Mörder) nach einem entsprechenden Urteil des Unterweltgottes Rhadamanthys geschickt werden und nie wieder freikommen, wie Platon (1991, IV, 335f.) im „Phaidon" beschreibt – ein endgültig jedem Glück enthobenes Dasein. Bei weniger schweren Vergehen kann die menschliche Seele zwar ebenfalls dort landen, ihr Aufenthalt ist jedoch zeitlich befristet.

Der Hades, im Unterschied zum Tartaros, kann als das Jenseits für Durchschnittsmenschen aufgefasst werden, während für Ausnahmeerscheinungen, also für privilegierte Tote, das Elysion (lat.: „Elysium"; das griechische Wort geht wahrscheinlich auf das Altägyptische zurück) bereitsteht – die sprichwörtliche „Insel der Seligen". Letztere Bezeichnung ist insofern von Bedeutung, als es sich dabei nicht unbedingt um einen im Jenseits, einer anderen Dimension angesiedelten Ort handeln muss. Er kann auch innerweltlich gelegen sein (Lang 2003, 9ff.). Für Heroen und Halbgötter ist die Insel der Seligen eingerichtet und mit dem ihren Bewohnern entsprechenden Luxus ausgestattet, wie Homer in seiner „Odyssee" zu berichten weiß: „Dort fällt niemals Schnee, es stürmt nicht, kein Platzregen prasselt, / sondern es lässt Okeanos ständig den Zephyros säuseln, / Um den Menschen Erquickung zu schenken" (Homer 1976, II, 66). Außerdem können Getreide und Obst dreimal pro Jahr geerntet werden, Hunger leiden müssen die Bewohner also nicht.

Ursprünglich ist der Zugang in die lichte Variante des Jenseits zwar nur besonderen Menschen möglich. Doch findet später eine Demokratisierung des Paradieses statt, wodurch wenigstens die Mitglieder höherer Gesellschaftsschichten damit rechnen konnten, ins Elysion eingehen zu dürfen. So schildert Pindar (ca. 520–445 v. Chr.) in seiner zweiten olympischen Ode ein künftiges Schicksal in Seligkeit, das jedem vergönnt sein würde, der dreimal die eigene Seele von Vergehen fernzuhalten vermag: „Dort umhauchen / Die Insel der Seligen ozeanische Lüfte, Blumen flammen von Gold / [...] Deren Gewinde flechten sie um Arme" (Pindar 1965, 23). Damit Normalsterbliche jedoch in die höheren Sphären entrückt werden konnten, um sich also würdig für diese edle Form der Existenz zu erweisen, erfolgte oft eine wesenhafte Verwandlung, eine „Apotheose" oder „Vergöttlichung".

Auch in Platons „Phaidon" wird ein Bild des Paradieses entworfen. Auf dieser „wahren Erde" lebt die unsterbliche Seele, erlöst vom elenden, durch den Körper beschwerten irdischen Dasein, und genießt höchste Freuden in gottgleicher Weise: „Denn ein Teil sei purpurrot und wunderbar schön, ein anderer goldfarbig, ein anderer weiß, aber viel weißer als Alabaster oder Schnee [...]. Die Erde also sei mit allem diesem geschmückt, und außerdem noch mit Gold und Silber [...]. Tiere aber gebe es auf ihr vielerlei andere und auch Menschen [...]. Und die Witterung habe eine solche Mischung bei ihnen, dass sie ohne Krankheit wären [...]. Auch haben sie Tempel und Heiligtümer für die Götter, in denen aber die Götter wahrhaft wohnen [...]; und Sonne, Mond und Sterne sähen sie, wie sie wirklich sind, und dem sei auch ihre übrige Glückseligkeit gemäß" (Platon 1991, IV, 329ff.). In der Philosophie Platons (der sich auf den rund 100 Jahre vor ihm lebenden Pindar bezieht), aber natürlich auch in den übrigen hier genannten Varianten eines Paradieses, nimmt die unsterbliche Seele eine zentrale Stellung ein. Ohne sie wäre die dem Leid der physischen Welt – zumindest in ihrem ursprünglichen und unverwandelten Zustand – entrückte „Insel der Seligen" nicht auf vollkommene Weise zu genießen.

In seinem „Traum des Scipio" aus der Schrift „De re publica" greift der römische Schriftsteller Marcus Tullius Cicero (106–43 v. Chr.) auf den Mythos der Sternenheimat der Seele bei Platon zurück und lässt den Feldherrn Publius Cornelius Scipio mit seinem Großvater Scipio Africanus und seinem Vater Paulus im Traum ein Gespräch über das Jenseits führen. Dieses wird als so wunderbar geschildert, dass der junge Scipio am liebsten sofort dorthin gebracht werden möchte. Dies wird ihm jedoch verwehrt unter dem Hinweis, er müsse zuerst sein Leben auf Erden in Gerechtigkeit und Pflichterfüllung zu Ende bringen. Ein Vorgeschmack auf das überirdische Dasein wird ihm aber wenigstens im Traum gewährt (Steinwede / Först 2005, 39ff.). Die prominenteste Apotheose der Antike erfährt Gaius Iulius Caesar (100–43 v. Chr.) in den „Metamorphosen" des Ovid. Schon während seiner Ermordung steht die Göttin Venus unsichtbar bereit, um seine Seele gen Himmel zu geleiten, wo ihr ein im wörtlichen Sinne strahlendes Schicksal vorherbestimmt ist, wie es Platon und Cicero auch für andere, weniger exklusive Menschenseelen kennen (Steinwede / Först 2005, 48).

Ein Manko, das die „Volksreligionen" der Antike hatten, nämlich ihre Fixiertheit auf das Diesseits in Gestalt diverser Poliskulte, die dem Wohlergehen der Stadt, des Stammes oder Volkes dienen sollten, versuchten diverse Mysterienkulte zu korrigieren. Durch Einweihung in ein Mysterium, meist in Form von Initiationsriten, sollte der Seele der Weg vorgezeichnet werden, den sie später nach Verlassen des Körpers zu beschreiten habe. Gegenüber dem unattraktiven Schattendasein, das die Volksreligionen für Normalsterbliche zu bieten hatten, verwiesen die verschiedenen Kulte (Dionysos, Demeter, Kybele, Dea Syria, Mithras) auf eine glückselige Existenz ihrer Anhänger nach dem Tod. Bei den Riten dieser Mysterienkulte ging es weniger um Moralvorschriften als um seelische Reinigung, die nötig war, um den späteren Eintritt ins Jenseits zu ermöglichen. Bei der Ausübung der Kulte kam es bei den Teilnehmern zu ekstatischen Zuständen, in welchen die Seele eine Reise zum Sitz ihres Gottes antrat, wo sie das Paradies bereits vorab schauen konnte und durch diese Vorausschau auf das Glück im Jenseits Trost im Diesseits erfahren konnte (Krauss 2004, 103f.; Kloft 1999).

Die Jenseitsvorstellungen der Antike zeichnen sich im Allgemeinen durch einen hohen Grad an Realität, soll heißen: Vorstellbarkeit aus. Darin unterscheiden sie sich von jenen der jüdisch-christlichen Tradition. Der lebensbejahende Grieche und Römer konnte sich ein Paradies ohne jene sinnlichen Genüsse, die er aus seiner Welt kannte, kaum denken. Die beinahe lustfreie Abstraktion und Unbestimmtheit der ewigen Seligkeit wird, wenigstens auf weite Strecken hin, das Erkennungsmerkmal der religiösen Paradiese.

Jenseits statt Diesseits: Wiedererlangung des verlorenen Paradieses

Für die Autoren der Genesis war es noch unvorstellbar, dass den aus dem Paradies vertriebenen Menschen jemals wieder die Rückkehr dorthin möglich sein würde. Bis in die Mitte des ersten vorchristlichen Jahrtausends stellte man sich das Sterben als einen Abstieg der Seele in die Unterwelt vor, wo ihr ein wenig erfreuliches Dasein als Schatten bevorstand. Erst nach der Eroberung Jerusalems durch den babylonischen König Nebukadnezzar (587 v. Chr.) und dem Beginn des babylonischen Exils kamen alternative Vorstellungen auf.

Zu Beginn waren diese Prophezeiungen eines künftigen paradiesischen Zustandes aber nicht aufs Jenseits, auf ein Leben nach dem Tod ausgerichtet, sondern auf die Vorankündigung eines wiederhergestellten irdischen Reichs Davids, wie dies bei den Propheten Ezechiel und Jesaja zu lesen ist: „Dann wird man sagen: Dieses verödete Land ist wie der Garten Eden geworden" (Ez 36,35); „Denn der Herr hat Erbarmen mit Zion, / er hat Erbarmen mit all seinen Ruinen. Seine Wüste macht er wie Eden, / seine Öde wie den Garten des Herrn" (Jes 51,3). Ezechiel ist es auch, der im babylonischen Exil die Erneuerung des israelitischen Volkes in Palästina mit der Hauptstadt Jerusalem voraussagt: „In göttlichen Visionen brachte er mich ins Land Israel und stellte mich auf einen sehr hohen Berg. In südlicher Richtung war auf dem Berg etwas wie eine Stadt erbaut" (Ez 40,2); und weiter: „An beiden Ufern des Flusses wachsen alle Arten von Obstbäumen. Ihr Laub wird nicht welken, und sie werden nie ohne Frucht sein. Jeden Monat tragen sie frische Früchte; denn das Wasser des Flusses kommt aus dem Heiligtum" (Ez 47,12).

Nachdem das babylonische Reich von den Persern erobert worden war, die den Juden freundlich gesinnt waren, kehrte ein Teil von ihnen in die alte Heimat zurück, während ein anderer Teil in Mesopotamien blieb. Untergebene der Perser blieben beide Gruppierungen bis zur Eroberung des Reiches durch Alexander den Großen. Die heterogenen kulturellen Einflüsse, mit denen die Juden sich in dieser wechselvollen Geschichte konfrontiert sahen, schlugen sich auch in den Prophetenbüchern und diversen jüdischen Schriften nieder. Die apokalyptischen Schriften, welche den negativen Erfahrungen mit dem Seleukiden-König Antiochus entsprungen sein dürften, der den Tempel plünderte, verkünden dunkle Visionen. Sie beschreiben eine Abfolge irdischer

Reiche, die mit der Etablierung eines Gottesreiches ihren Endpunkt findet. Dieses künftige Reich ist qualitativ verschieden von den vorhergehenden. Am Ende des Kampfes zwischen Gut und Böse, Gott und Satan, dessen literarische Ausführung möglicherweise durch die persische Religion Zarathustras inspiriert worden ist, würde der Herr die „Seinen" wieder zum Leben erwecken. Das Dasein des Menschen in dieser von Gott vollkommen neu errichteten Schöpfung ist dann allerdings ein unvergängliches. Wenn auch von all jenen Schriften nur das Buch Daniel (in welchem erstmals in der Bibel von der leiblichen Auferstehung die Rede ist) Eingang in die hebräische Bibel fand, dürften diese dennoch die weitere Entwicklung des Judentums, vor allem aber jene des Christentums stark, wenn nicht sogar maßgeblich beeinflusst haben (Krauss 2004, 110ff.).

Um die Zeitenwende ist noch unklar, ob alle Menschen physisch oder nur ihre unsterblichen Seelen auferstehen werden. Es existiert eine Vielzahl von uneinheitlichen Vorstellungen zu dieser Frage. Im Lukas-Evangelium zeichnet sich schließlich eine klare Wende ab, die mit dem Leiden und Sterben Christi eingeleitet wird. Am Kreuz spricht Jesus zu dem reuigen der beiden Verbrecher, die mit ihm zusammen hingerichtet werden: „Amen, ich sage dir: Heute noch wirst du mit mir im Paradies sein" (Lk 23,43). Und auch im 2. Paulusbrief an die Korinther (2 Kor 12,2ff.) kündet der Verfasser von einer gleichsam mystischen Schau des Himmels, wobei er nicht sagen kann, ob es sich nach dem künftigen Tod um eine rein seelische oder auch körperliche Entrückung handeln wird.

Jesus selbst greift auf die jüdische Überlieferung zurück, doch aus seinen Äußerungen geht nicht klar hervor, wie das kommende Reich Gottes auszusehen hat. Wahrscheinlich war es aber auch für ihn noch im Diesseits angesiedelt. Für den Paulus des 1. Korintherbriefes (1 Kor 15,3–28) ging der ewigen Seligkeit bei Gott im Jenseits eine zeitlich befristete Phase voraus, in welcher Jesus mit den Auferweckten auf Erden leben würde. Für die Existenz in diesem Zwischenreich bedurfte es der irdischen Körperlichkeit, während der daran anschließende ewige Aufenthalt bei Gott als seelenhafte Existenz gedacht werden kann. Im 2. Brief an die Korinther hat sich Paulus von dieser Annahme, wahrscheinlich beeinflusst von griechischen Überlegungen, wieder verabschiedet. Dort gibt es keinen Abstieg der Seelen in ein Totenreich und keine zeitlich begrenzte physische Wiederauferstehung. Die Seelen der Nichtgläubigen gehen in den Hades ein, für die durch Glaube und

Taufe Verwandelten ist ein anderes Schicksal vorgesehen: „Wenn also jemand in Christus ist, dann ist er eine neue Schöpfung: Das Alte ist vergangen, Neues ist geworden" (2 Kor 5,17). Jedoch werden die in den Himmel eingehenden Seelen der Christen von Jesus, nachdem sie vor den himmlischen Richterstuhl geführt worden sind, mit neuen Körpern ausgestattet, mit welchen sie in ewiger Glückseligkeit in der überirdischen Heimat weiterleben (Lang 2003, 25ff.). Die Frage, wer sich des unendlichen Glücks im Jenseits erfreuen darf, finden die Christen zum Beispiel in den „Seligpreisungen" der Bergpredigt im Neuen Testament beantwortet. Vor allem jene Menschen dürfen sich Hoffnung auf künftige Glückseligkeit machen, die das irdische Glück in Gestalt materieller Güter oder Macht entweder unfreiwillig entbehren müssen oder um ihres Seelenheils willen freiwillig darauf verzichteten.

Die Jenseitsvorstellungen des italienischen Dichters und Philosophen Dante Alighieri (1265–1321), die dieser in seiner „Göttlichen Komödie" (entstanden zwischen 1307 und 1320) ausführte, waren maßgeblich für die folgenden Jahrhunderte bis zur Reformation. Dantes theozentrische Himmelslehre ist nicht seine originäre Erfindung, sondern bereits in der Theologie der Scholastik vorgebildet, namentlich jener des Thomas von Aquin. Doch hat der Verfasser der „Komödie" ihr die umfangreichste, künstlerisch am meisten ausgefeilte Gestalt verliehen. Den Höhepunkt des Aufstiegs der Seele stellt die Schau der Heiligen Dreifaltigkeit Gottes dar, die Dante in gleichnishafter Sprache beschreibt, aber von der er zugleich sagt, dass sie ihr Objekt keinesfalls erfassen kann.

Obgleich die Reformatoren des 16. Jahrhunderts in vielen Dingen uneins sind mit der katholischen Lehre, so decken sich ihre Paradiesvorstellungen mit denen der Amtskirche doch im Großen und Ganzen. Sie knüpfen an der scholastischen Idee der Gottesschau an, leiten diese jedoch aus der Heiligen Schrift ab. Viele von ihnen weisen das Schwärmertum der spätmittelalterlichen Mystiker, aber vor allem auch die anthropomorphen Vorstellungen des Paradieses, wie sie in der sinnenfreudigen Renaissance florieren, zurück. So erklärte etwa der Genfer Reformator Johannes Calvin (1509–1564), dass man im Paradies allein Gott zu genießen, sein Wohlwollen zu spüren und in ihm zu ruhen habe (Lang 2003, 68). Über die Details dieser Vereinigung mit Gott kann und will Calvin freilich keine Auskunft geben. Martin Luther (1483–1546) beschreibt zwar das Paradies als Garten, in welchem Pflanzen und Tiere beheimatet sind und es den Menschen an nichts mangle. Er dürfte damit, im Gegensatz zu Calvin, ein Stück näher bei den Vorstellungen der Renaissance liegen. Dennoch stellt aber auch Luther Gott in den Mittelpunkt seiner Jenseits-Konzeption.

Eine Rückbesinnung auf die Renaissance-Vorstellungen des Paradieses und die Erfindung des modernen Himmels fand im Denken des schwedischen Theologen und Mystikers Emanuel Swedenborg (1688–1772) statt. Er wandte sich von den asketischen und theozentrischen Ideen der Reformatoren und der nachreformatorischen Autoren ab und gestaltete die bis dahin nur fragmentarisch vorhandenen Beschreibungen vom Paradies umfangreich aus. Die wesentlichen Neuerungen bei Swedenborg bestanden darin, dass der Eintritt der (gerechten) Seele ins Paradies bereits unmittelbar nach dem Tod erfolgte. Es gab also weder ein Fegefeuer noch einen Schlaf im Grab bis zur allgemeinen Auferstehung. Weiters dachte Swedenborg das paradiesische Leben als nicht gänzlich verschieden vom irdischen Dasein der Menschen, sondern eher als dessen perfekte Übersteigerung. Außerdem ist der moderne Himmel kein Ort ewiger Ruhe mehr. Die Verstorbenen können dort diversen Tätigkeiten nachgehen und sind nicht zur seligen Passivität verdammt. Der Weg zu Gott im Jenseits ist kein abschließbarer, sondern ein fortdauernder Prozess ewiger Annäherung – eine Art spiritueller Reifungsprozess. Die Liebe zu Gott in Betrachtung seiner ewigen Herrlichkeit („visio beatifica"), in welcher sich die Paradiesvorstellungen bis hin zu Swedenborg erschöpft hatten, wird durch die romantische Liebe zum anderen Geschlecht, aber auch durch die Liebe zu Familie und Freunden im Jenseits erweitert. Dadurch bekam das Paradies ein menschliches Antlitz. Die Überlegungen Swedenborgs erlebten ihren Höhepunkt gegen Ende des 19. Jahrhunderts, wo es unzählige Darstellungen in Literatur und bildender Kunst gab; sie waren noch bis zu Beginn des 20. Jahrhunderts bedeutsam, verloren dann aber an Einfluss (Lang / McDannell 1996, 246ff.).

Die aktuelle Theologie – und zwar sowohl die katholische als auch die protestantische – kommt den Erwartungen ihrer Klientel in Bezug auf detaillierte Beschreibungen des Paradieses nicht mehr nach. Zwar finden die verschiedenen modernen, seit Swedenborg entwickelten Vorstellungen der himmlischen Glückseligkeit weiterhin Anklang bei den Gläubigen. Die Kirchen der Gegenwart lehnen frühere Jenseitsvorstellungen ab, die visionären Beschreibungen haben in dieser Lesart nur mehr symbolische Bedeutung. Die tatsächliche Gestalt des Paradieses entzieht sich unserer Vorstellung. Die Gläubigen von heute fallen in zwei Gruppen auseinander: Einerseits gibt es solche, die sich der theologischen Meinung über die Unbeschreibbarkeit des Paradieses anschließen, andererseits jene, eher volkstümlich veranlagte, welche eine genaue Vorstellung über das jenseitige Glück besitzen. Nach Ansicht der beiden Religionswissenschaftler Bernhard Lang und Colleen McDannell (1996, 408ff.) lässt sich die Entwicklung der christlichen Paradiesvorstellungen zumindest bis zum Beginn des 20. Jahrhunderts herauf als ein permanentes Wechselspiel von theozentrischen und anthropozentrischen Entwürfen beschreiben: Das Glück findet die Seele im Jenseits entweder (ausschließlich) in der Gemeinschaft mit Gott oder aber zusätzlich in der Wiedervereinigung mit den Seelen der bereits verstorbenen Lieben.

Die sich wandelnden Paradiesvorstellungen der jüdisch-christlichen Tradition variieren in Ort, Zeitpunkt und Art der Aufnahme und in der Gestaltung des himmlischen Interieurs. In engem Bezug zu Entstehungszeit und kulturellem Umfeld ihrer „Autoren" geben sie eine interessante Chronologie der sich wandelnden Sehnsüchte des Menschen ab. Trotz aller Vielfalt der Form und Farbe nach der jeweiligen Mode der Zeit – die wesentlichen Koordinaten bleiben dieselben: Die Orte des ersehnten ewigen Glücks im Jenseits sollen als Belohnung für ein tugendhaftes und religiöses Leben und als Wiedergutmachung für Leid und Verzicht im Diesseits dienen.

4

Das soziale Glück: Konzepte für die Politik

Zu Beginn der Neuzeit nehmen sich Philosophen, Schriftsteller und politische Theoretiker der Idee des perfekten Staates an. Ihr Vorbild ist Platons „Politeia": der erste umfassende Entwurf einer idealen Gemeinschaft. Kommunistische Ideen, Gleichberechtigung von Frauen, konfliktfreies Zusammenleben der Menschen strahlen als positive Lichter von ihm aus und lassen ihn als revolutionären Wurf erscheinen. Die Utopisten decken dennoch Schwächen daran auf, ohne selbst alle davon auszuräumen. Thomas Morus, Tomaso Campanella und Francis Bacon überbieten sich gegenseitig mit schillernden Beschreibungen glückseligen Zusammenlebens. Doch auch sie reihen das Individuelle unter das Gelingen des Ganzen. Befohlenes Glück provoziert meist eher sein Gegenteil. Die Freiheit des Einzelnen beansprucht der Liberalismus. Das Glück liegt in Händen des Individuums, alles Hinderliche ist zurückzuweisen. Privates Eigentum, von den Utopisten als den sozialen Zusammenhalt gefährdend verachtet, ist für den Liberalismus eine wesentliche Voraussetzung für das Glück des Menschen. Die ersten Sozialisten knüpfen, auch wegen ihrer Erfahrungen mit dem Kapitalismus und seiner devastierenden Auswirkungen, wieder an die kommunistischen Ideale von früher an. Marx und Engels wollen sich als wissenschaftliche Kommunisten verstehen. Ihre Voraussagen über das Glück auf Erden sollen kein Auftrag, sondern Analyse historischer Gesetzlichkeit sein. Solchen Paradiesen misstraut Karl R. Popper. Er fordert Wachsamkeit gegenüber dem Totalitarismus. Die einzige Möglichkeit, Glück immer wieder zu erkämpfen, besteht darin, die es gefährdenden politischen Versuche zu bändigen – kritisch, aber auf demokratisch-friedvolle Weise.

Politik im Kopf: Utopien

Es liegt in der Natur des Menschen, sich Plätze vorzustellen, die das perfekte Glück bieten. Prominente Beispiele sind das bereits erwähnte „Goldene Zeitalter" oder die „Insel der Seligen" in der antiken Mythologie; ebenfalls in diese Kategorie fallen die Paradiesentwürfe der Religionen, die von längst vergangenen Zeiten erzählen oder von solchen, die einst wiederkehren werden, im Diesseits oder im Jenseits, durch die Hilfe Gottes. Nicht alle wollen darauf warten, dass der Allmächtige eingreift und die Tore zur ewigen Glückseligkeit öffnet. Wenn es nach den irdischen Schöpfern von Polit-Utopien und Konzepten für einen gerechten Staat ginge, würden sie das Paradies am liebsten schon im Hier und Jetzt verwirklichen. Gleichsam am Reißbrett fertigen sie Entwürfe von glücklichen Gesellschaften an und versprechen die Möglichkeit des Himmels auf Erden durch die bloße Kraft und die Vernunft des Menschen, ganz ohne die Unterstützung einer höheren Macht.

Neben „Utopien" (eine Zusammensetzung der griechischen Silben „ou", das bedeutet „kein", und „topos": „Ort"), die das Bild einer besseren Welt zeichnen und dabei bestehende Mängel anprangern, gibt es allerdings auch jene Darstellungen, die den Verlust der Humanität, das Kippen des Glücks und den Terror der Diktatur beschreiben. Als Negativ-Utopien haben sie gleichwohl große Bedeutung für die Frage nach dem Glück: Sie zeigen auf, wie es nicht sein sollte, und halten dem Menschen den Spiegel seiner schrecklichsten Möglichkeiten vor. Nicht erst die Geschichte des 20. Jahrhunderts hat bewiesen, dass alles noch so Grauenvolle, das sich die menschliche Fantasie auszudenken vermag, tatsächlich zur Wirklichkeit gerinnen kann.

Der Verdacht, dass jeder sich seinen Idealstaat, die perfekte Gesellschaft, so ausmalt, wie es seinem eigenen Wesen entspricht, liegt nahe. In Anlehnung an den antiken griechischen Dichter und Philosophen Xenophanes (ca. 550–475/70 v. Chr.) und dessen ironische Bemerkung, jeder stelle sich die Götter so vor, wie er selbst sei (Kirk/Raven/Schofield 2001, 184), schrieb der konservative deutsche Philosoph und Soziologe Hans Freyer (1887–1969) in seiner 1936 erschienenen Abhandlung „Die politische Insel. Eine Geschichte der Utopien von Platon bis zur Gegenwart": „Wenn sich die Ochsen eine Utopie erdenken könnten, wäre sie wahrscheinlich eine Wiese, auf der das süßeste Futter wächst, und vielleicht wäre sogar das Abraufen technisch erleichtert." Dass die persönlichen Vorlieben ungebildeter, unsensibler Menschen die Form der innerweltlichen Paradiesvorstellungen beeinflussen könnten, hatte für Freyer etwas Bedrohliches: „Die Utopie eines Ordnungsfanatikers wird nie etwas andres sein als eine gesteigerte Verkehrsordnung, die Utopie eines Genießers nie etwas andres als ein Schlaraffenland, die Utopie eines Kleinbürgers nie etwas andres als ein allgemeines Kleinbürgertum." Er plädierte deshalb dafür, „den Begriff der Utopie dort abzulesen, wo eine große Menschlichkeit und ein hochwertiges Denken am Werke war, und die kleinen Fälle nicht als die Norm zu setzen, wenn sie auch die Regel sein mögen" (Freyer 2000, 16f.). Fragt sich nur, ob es tatsächlich legitim ist, utopische Konzepte des „Intellektuellen" den artikulierten Bedürfnissen der „Masse" vorzuziehen. Denn wer entscheidet nach welchen Kriterien, was die „bessere" Sehnsucht sei?

Die säkularen Utopien als zumindest vorstellbare Alternativen zu mythischen und religiösen Fantasien müssen aber stets auch unter dem Gesichtspunkt betrachtet werden, mit welchen Mitteln der Kontrolle in den von ihnen beschriebenen weltlichen Paradiesen die allgemeine Glückseligkeit erzeugt und aufrechterhalten wird. In der „Utopia" (1516) des Politikers und Philosophen Thomas Morus (1478–1535) teilen sich zwar mehrere Religionen die Benützung des Tempels, Atheismus und Materialismus öffentlich zu vertreten ist hingegen untersagt. Im „Sonnenstaat" (1623) des Dominikaners Fra Tomaso Campanella (1568–1639) existiert nur ein Buch namens „Weisheit" (ein Kompendium aller Wissenschaften), im Staat „Ikarien" (1839) des Rechtsanwalts und Gründers der ersten kommunistischen „Partei", Étienne Cabet (1788–1856), steht den Bürgern zur Information nur eine einzige öffentliche Zeitung zur Verfügung. Wenig überraschend, dass die negativen Utopien oder „Dystopien" (griech. „dys": „schlecht"), wie die „Schöne neue Welt" (1932) von Aldous Huxley (1894–1963) oder „1984" (1949) von George Orwell (1903 bis 1950), die Netze der Kontrolle, wie sie auch in den positiven Gegenentwürfen existieren, bloß an Quantität übertreffen mussten, um ihnen eine eigene, bedrohliche Qualität zu verleihen. Glück und Unglück einer politischen Ordnung sind näher beieinander angesiedelt, als den meisten von uns lieb ist. Ein Kippen des Systems liegt stets in Reichweite.

Beglückung von oben: Platon

Als Ahnherr der abendländischen Staatstheorie darf Platon angesehen werden. In seinem Werk „Politeia" hat er sich als Erster systematisch

Gedanken darüber gemacht, wie ein Gemeinwesen am besten zu organisieren sei. Gerecht müsse es sein, damit alle Teilhaber dieses Projekts ein gelungenes Leben führen können. Allerdings ist es der Grad der Gelungenheit des Staates selbst, der über Glück oder Unglück entscheidet. Um Gerechtigkeit herzustellen, fordert Platon eine arbeitsteilige Gesellschaft, in welcher jeder das tut, was er oder – und das muss man Platon als revolutionär zugute halten – sie am besten kann. Auch Frauen können es nämlich ganz nach oben in die Position der Regierenden schaffen. Die Arbeitsteilung (und in weiterer Folge auch jene nach Klassen als einzig zulässige Rahmenbedingung von Gerechtigkeit) lässt Platon von Sokrates im Gespräch mit dem Sophisten Thrasymachos damit begründen, dass nicht jeder Mensch alles in Personalunion sein könne: Bauer, Baumeister, Weber, Schuster. Vielmehr sollte sich der Einzelne auf diejenige Disziplin spezialisieren, die ihm am meisten liegt. Dies läge im Interesse aller, weil so jeder zu den bestmöglichen Leistungen und Produkten gelangen würde (Platon 1991a, 140f.).

Genauso verhält es sich nach Ansicht Platons aber auch im größeren Maßstab des Staatsganzen. Auch hier sollen diejenigen herrschen, die dafür am besten geeignet sind: jene die Wachfunktion übernehmen, die sich als besonders stark und mutig erwiesen haben; andere hingegen, deren handwerkliches und landwirtschaftliches Talent am stärksten ausgeprägt ist, sich um die Produktion technischer und Agrarprodukte kümmern. Um herauszufinden, welches die besondere Fähigkeit jedes Menschen ist, vertritt Platon ein strenges Auswahlverfahren, das die künftigen Mitglieder der drei Klassen, „Lehrstand", „Wehrstand" und „Nährstand" (Philosophenherrscher, Soldaten, Handwerker und Bauern), voneinander trennt und ihnen in der Folge die ihrem jeweiligen Aufgabengebiet entsprechende Ausbildung zuteil werden lässt (Platon 1991a, 242ff., 287ff. und 327ff.).

Das Funktionieren des platonischen Staates beruht darauf, dass jeder die ihm einmal zugedachte Rolle bis ans Ende seiner Tage ausübt. Ein Wechsel von einer Klasse in eine andere ist nicht vorgesehen. Das persönliche Glück ist somit einem überindividuellen Zweck untergeordnet: der Gerechtigkeit des Ganzen. Platon vergleicht die Ordnung des Staates mit jener der Seele, wo die „Gerechtigkeit" darin besteht, dass die Vernunft über den Mut und die Begierde herrscht; der Mut wird dadurch zur Tapferkeit, die Begierde zur Mäßigung angeleitet. Analog zu dieser Psychologie im Individuum regiert auch die Verkörperung der Vernunft, der Philosoph, über jene der beiden anderen Eigenschaften:

Soldaten stehen für die Tapferkeit, Handwerker und Bauern für die Mäßigung. Damit kein Mensch die ihm von Natur aus zugedachte Rolle hinterfragt, kreiert Platon einen Mythos: Alle Bewohner des Staates wären zwar Brüder, „Gott aber, der Schöpfer, hat euch, die zu Herrschern berufen sind, Gold bei eurer Erschaffung beigemischt, weshalb ihr auch die Geehrtesten seid. Den Helfern [gemeint sind die Wächter] gab er Silber bei. Eisen und Kupfer den Bauern und Handwerkern" (Platon 1991a, 202). Allerdings hält er es durchaus für möglich, dass auch ein goldener Sprössling aus „silbernen" Eltern entspringt und umgekehrt.

Dass die Hierarchisierung, die Platon vornimmt, den Geistesarbeiter, konkret: den Philosophen zum Lenker des Ganzen erklärt, die anderen beiden Klassen aber zu Hilfsdienst-Mitarbeitern, darf beim Philosophen Platon nicht verwundern. Die Gesellschaft, die er entwirft, unterscheidet strikt zwischen intellektuellen, körperlichen und handwerklichen Befähigungen. Eine komplexe Persönlichkeit, die unterschiedliche Begabungen und Interessen in sich verkörpert, lässt sie nicht zu. Es kann daher auch nicht überraschen, dass die Zuteilung der Menschen zu den drei Gruppen und ihre daran anschließende Ausbildung in Platons „Staat" sehr früh einsetzt. Denn anders ließen sich heterogene menschliche Charaktere wohl nicht in ein solches eindimensionales Schema pressen. Ob die Bewohner seines idealen Staates sich ohne Widerstand in das ihnen oktroyierte Schicksal fügen würden, ist fraglich.

Dass die Art von „Gerechtigkeit", die der Sophist Thrasymachos im Dialog mit Sokrates beschreibt – der „Vorteil des Stärkeren" (Platon 1991a, 99) –, bei ihrer Verwirklichung kaum zur allgemeinen Glückseligkeit beitragen würde, steht außer Frage. Dass Platons Alternative, eine „Gerechtigkeit", die darin besteht, dass jeder die ihm zugedachte Aufgabe für das Kollektiv bestmöglich ausübt, ohne seine privaten Befindlichkeiten zu berücksichtigen, die Menschen glücklicher macht, ist kaum zu erwarten – und von Platon auch gar nicht gewünscht: „Indes gründen wir unseren Staat nicht mit dem Ziel, dass *ein* Stand besonders glücklich sei, sondern womöglich der ganze Staat" (Platon 1991a, 206)! Platons Entwurf geht ganz offensichtlich an den realen menschlichen Bedürfnissen vorbei und versucht sogar, diese bewusst zu manipulieren. So dürfen die künftigen Wächter im Zuge ihrer Ausbildung zu Härte, Mut und Askese zwar Homer lesen, allerdings werden ihnen jene Passagen seines literarischen Werkes vorenthalten, in denen sich die antiken Helden als schwach präsentieren, indem sie etwa über den Tod ihrer Freunde trauern. Es deutet vieles darauf hin, wie Hiltrud Gnüg in ihrem Essay über die „Politeia" schreibt, dass hier eine „berufsspezifische Indoktrination [der Menschen] betrieben" wird, „bewusst auf eine Verarmung ihrer emotionalen Fähigkeiten" hin ausgerichtet. Platons Staat ist „eine Utopie der Ordnung, nicht eine der Freiheit, noch der Gleichheit" (Gnüg 1999, 23) – und, so lässt sich hinzufügen, bestimmt keine der individuellen Glückseligkeit.

Die Gemeinschaft der Güter und Frauen, die Platon für die beiden höheren Klassen fordert – Herrscher und Wächter sollen in einer Art Kommune zusammenleben –, ist ein weiteres Beispiel für die unrealistische Beurteilung der menschlichen Bedürfnisse. Mit demselben Mythos, den Platon bereits für die Erklärung und Legitimation der Klassenzugehörigkeit herangezogen hat, will er begründen, warum Privatbesitz für die Führer und Soldaten des Staates tabu sei; sie hätten von Gott bereits von Geburt an genügend edles Metall (in Gestalt ihrer Begabungen) erhalten und sollten daher nicht zusätzlich nach dem Besitz irdischen Edelmetalls trachten. Die Gemeinschaft der Frauen und Kinder soll zu einem engeren Zusammenhalt führen, wobei die stärkeren Männer zur Zeugung von Nachkommen mit ebensolchen Frauen angehalten werden. Platon überträgt hier, individuelle Liebe zwischen Mann und Frau hin oder her, um der Verbesserung seines Staates willen das Zuchtverfahren vom Tier auf den Menschen und gibt dies sogar explizit zu (Platon 1991a, 256).

Die jede individuelle menschliche Sehnsucht ausklammernde totalitäre Struktur der „Politeia" hat nicht erst in unserer Zeit (etwa bei Karl Popper) Kritik hervorgerufen. Bereits Platons Schüler Aristoteles (1993, 107ff.) hat die zweifelhaften Grundlagen dieses Entwurfes anhand seiner eigenen anthropologischen Annahmen in Frage gestellt. Das Glück des Menschen hänge seiner Meinung nach nämlich sehr wohl auch von individuellem Besitz ab, und wenn niemand weiß, wer der Vater eines bestimmten Kindes ist, würde sich auch keiner besonders um dieses Kind kümmern. Dennoch werden solche, aus heutiger psychologischer Sicht unsinnigen, kommunistischen Elemente der „Politeia" in abgewandelter Form immer wieder in den Entwürfen der nachfolgenden Generationen auftauchen.

Wissenschaft und Fiktion: Unorte der Neuzeit

Der Traum irdischer Glückseligkeit erhält zu Beginn der Neuzeit frische Impulse. Mit der Emanzipation des Menschen von der intellektuellen Herrschaft der Religion kraft seiner autonomen Vernunft entstehen neue Möglichkeiten der Selbstgestaltung und -verbesserung und jener der Welt als Ganzer. Durch stetige Entwicklung des wissenschaftlichen Denkens und den daraus resultierenden Erkenntnissen und Technologien weitet sich langsam der Horizont – nicht zuletzt auch in geographischer Hinsicht. Andere Länder mit anderen Sitten treten ins europäische Bewusstsein und regen die Fantasie an.

Die politische oder soziale Utopie, die in der Neuzeit Hochsaison feiert, ist nicht die einzige Art der theoretischen Beschäftigung mit Politik. Der deutsche Politikwissenschaftler Henning Ottmann (2006, 3/1, 138) unterscheidet vier Typen utopischer Entwürfe: Diese können „verzeitlicht" (und verräumlicht), ohne Ort und Zeit, Eutopien oder Dystopien sein. Mit Thomas Morus und seiner dem gesamten Genre den Namen verleihenden Schrift wird die Idee einer perfekten Gesellschaft (wieder) entdeckt und theoretisch entfaltet. Ihr soll, als erster neuzeitlicher Utopie, weiter unten etwas mehr Aufmerksamkeit geschenkt werden. Ihr Verfasser dürfte sie allerdings nicht als Vorbild für reale Länder konzipiert haben. Als Beispiel für eine Utopie ohne Zeit und Raum war sie wohl eher ein „Humanistenscherz" (Ottmann 2006, 3/1, 138).

Erst später, im 18. Jahrhundert, entstehen die vom deutschen Historiker Reinhart Koselleck (1923–2006) „verzeitlichte Utopien" genannten Entwürfe, die eine konkrete zu erwartende Zukunft vorwegnehmen. Die erste dieser Schriften ist laut Koselleck (1987) das Buch „Das Jahr 2440" (1770) des französischen Schriftstellers Louis-Sébastien Mercier (1740 bis 1814). Auch die Werke der Frühsozialisten Owen, Cabet und Fourier zählen zu den „verzeitlichten" Utopien. Über den Status der marxistischen Entwürfe kann man streiten, vor allem, weil ihre Urheber sie – im Unterschied zu den von ihnen als „utopisch" bezeichneten Gedanken der frühen Sozialisten – als „Wissenschaft" ausgaben und sie somit positiv von ihren Vorgängern abzuheben versuchten. Die Frühsozialisten, so die entsprechende Interpretation, wie sie etwa Friedrich Engels (1820–1895) in seiner Arbeit „Die Entwicklung des Sozialismus von der Utopie zur Wissenschaft" (1880) anbot, lautete sinngemäß: Die Vertreter frühsozialistischer Ideen sprachen davon, wie die Welt zu sein habe, wie sie sein soll. Wir, die Wissenschaftler, aber haben erkannt, wie sie sein wird.

Mit dem 20. Jahrhundert und seinen Erfahrungen mit Massenideologien, ihren ausgeklügelten, nach innen gerichteten Unterdrückungsmechanismen und ihren blutigen Kämpfen um die globale Vorherrschaft im Wettstreit der Weltanschauungen, die zu Millionen Opfern führten, mussten die Eutopien ihren pessimistischen Pendants weichen. Die Dystopien, jene Entwürfe, die Unterdrückung, Überwachung, Terror und Tod in allen Facetten darstellten, hatten den positiven Utopien eines voraus: Sie konnten sich an real existierenden Gegebenheiten orientieren. Das Paradies auf Erden wurde bis heute nicht verwirklicht. Die eine oder andere veritable Hölle hingegen hat sich unter den bisher etablierten politischen Systemen bereits befunden. Die berühmtesten Beispiele solcher Horrorvisionen mit Realitätsbezug sind „Wir" des russischen Schriftstellers und Revolutionärs Jewgeni Samjatin (1884 bis 1937), „Fahrenheit 451" (1953) von Ray Bradbury (geb. 1920) sowie die beiden bereits genannten von Huxley und Orwell. Die neuzeitlichen Utopien haben auch mehrere realisierte Planstädte inspiriert: beispielsweise Pienza in der Toskana, Sabbioneta in der Lombardei, La Valletta (Malta), Freudenstadt (Schwarzwald) und Riechelieu im Poitou (Ottmann 2006, 3/1, 139). Gemeinsam ist vielen dieser geometrisch präzisen städtebaulichen Entwürfe der Mangel an Freiräumen, die Individualität, das Unvorhersagbare, spontanes kreatives Chaos zulassen würden. In der gnadenlosen Perfektion ihrer Designs berauben sie, so wie schon ihre literarischen Vorbilder, das menschliche Glück einer seiner wesentlichsten Grundlagen: der Freiheit.

Während Utopien Städte, Inseln oder Länder und deren (politische) Gestaltung beschreiben, die je nach Stand von Wissenschaft und Technik zumindest denkmöglich sind, behandelt das Genre der „Science Fiction"-Zukünfte, die – noch – nicht Wirklichkeit geworden sind, weil die entsprechenden Technologien derzeit noch nicht existieren. Als Vorläufer dieser Gattung, bei der weniger der Mensch, sondern die ihm verfügbare Technik im Mittelpunkt steht, kann Francis Bacons „Nova Atlantis" gelten, in welchem der Verfasser die Bedeutung der Wissenschaft für das Wohl der Menschen thematisiert. Der Traum der Aufklärung, den Menschen neu zu erfinden, stetig zu verbessern und seine Lebenswelt mithilfe moderner Technologien so zu verändern, dass er Glückseligkeit bereits auf Erden erfahren kann, wird hier in literarischer Form weiter geträumt.

Idylle und Satire: Morus' „Utopia"

Die Frage, wo die jeweilige Utopie geographisch angesiedelt ist und wie ihr Autor, der ja ein Mensch der bekannten Welt ist, Kenntnis von ihr bekommen haben konnte, fordert zu unterschiedlichen Einstiegspointen heraus. Im Falle der Schrift „Vom besten Zustand des Staates oder Von der neuen Insel Utopia" löst der Autor das Problem, indem er einen portugiesischen Reisenden von ihr erzählen lässt und diesen Bericht wiedergibt. Bekanntlich haben die Portugiesen in Bezug auf Entdeckungen zur See ja einiges vorzuweisen; Morus lässt den fiktiven Helden Raphael Hythlodeus im Gefolge des realen Florentiners Amerigo Vespucci (1451–1512), dem Namensgeber Amerikas, um die Welt reisen. Mehrmals bezieht sich Hythlodeus, ein gelehrter Mann, der des Altgriechischen mächtig ist, auf Platon – ein Hinweis darauf, welches antike Vorbild dem Verfasser der „Utopia" vorgeschwebt haben dürfte. Dennoch lässt Morus einen seiner Protagonisten, die Persona „Morus", die Sinnhaftigkeit der Abschaffung von Privateigentum, wie Platon sie für die beiden oberen Klassen fordert, bezweifeln, mit einem Hinweis, der an die Argumente der Gegner einer staatlich finanzierten Grundsicherung heutiger Debatten erinnert (Gnüg 1999, 30).

Die Bewohner von „Utopia" huldigen dem humanen Strafvollzug, für Diebstahl gibt es keine Todesstrafe. Die Ausbeutung, die der reale englische Adel an der Landbevölkerung vollzogen hatte, um auf ihrem Boden Schafzucht zu betreiben, wäre für einen Kommunisten Utopias unvorstellbar (Ottmann 2006, 3/1, 148f.). Trotz des Anklingens kommunistischer Ideen sollte beachtet werden, dass die Insel „Utopia" nicht das Ideal eines materialistischen Schlaraffenlandes zeichnet, das seinen Bewohnern Genuss und Luxus im Überfluss bietet. Morus schien es viel eher darum gegangen zu sein, das Leid der Menschen zu verringern, was in seinem „Idealstaat" nicht zuletzt auch durch eine verordnete asketische und normierte Lebensweise erreicht werden sollte: einheitliche Kleidung, gemeinsame Mahlzeiten, geregelter Tagesablauf. Obwohl der Autor Morus von den Bewohnern seiner „Utopia" keine Selbstkasteiung verlangte; Genügsamkeit gilt ihm als ein Wert, der das Leben der Utopier bestimmen sollte und den jeder akzeptieren muss. Freiheit sieht anders aus, und ob solch eine einheitliche Gestaltung des gemeinsamen Lebens ein fruchtbarer Boden für individuelle Glückseligkeit ist, darf einmal mehr bezweifelt werden.

Von der „Politeia" unterscheidet sich die „Utopia" in einigen wesentlichen Punkten, trotz ihrer ähnlich kommunistischen Grundtönung: So dürfen die Menschen, die hier leben, sich aussuchen, welchen Beruf sie ergreifen. Jeder erlernt ein Handwerk, kann aber zusätzlich noch ein zweites ausprobieren. Weiters müssen alle eine bestimmte Zeit in der

Landwirtschaft arbeiten, da deren Produkte allen zugutekommen. Die entsprechende Ausbildung erhalten die Menschen schon als Kinder in der Schule, was den angenehmen Nebeneffekt hat, dass sie dabei körperlich ertüchtigt werden. Da alle Utopier im gleichen Umfang arbeiten, fällt die Arbeitszeit pro Person mit sechs Stunden pro Tag gering aus. Den Einwohnern wird das Streben nach materiellem Luxus systematisch abtrainiert. Gold existiert zwar, daraus werden aber Nachttöpfe gefertigt (im Notfall werden damit auch Söldner bezahlt, um Außenfeinde von Utopia fernzuhalten); Schmuck kennen die Utopier ebenfalls, geben ihn aber ihren Kindern, um damit zu spielen. Ganz offensichtlich übt Morus bissige Kritik an der aus seiner Sicht lächerlichen Gier der Menschen nach solchen „Schätzen". Und die Freizeit, von der die Einwohner Utopias, entlastet vom Kampf um Luxusgüter, eine ganze Menge zur Verfügung haben, nutzen sie, um sich geistig zu betätigen. Sie besuchen Vorlesungen, betreiben gemeinschaftlich Spiel und Sport in Gärten oder öffentlichen Hallen und hören zusammen Musik. Wissenschaften wie Geometrie, Arithmetik, Philosophie und Astronomie genießen hohes Ansehen, Astrologie hingegen wird – im Unterschied zu Campanellas „Sonnenstaat" – als unwissenschaftlich abgetan.

Die Vernunft hat in „Utopia" die Oberhoheit und selbst Gott, den Morus in seinem Entwurf nicht abschafft, ihn als „Schöpfer" und „Weltenbaumeister" (Morus 1981, 127) preist, will nach Ansicht des Verfassers, dass der Mensch seinen Intellekt dazu nutzt, die Welt zu erforschen. Ein eifersüchtiger wie jener des Alten Testaments ist dieser Gott nicht. Die Toleranz allen Religionen gegenüber hat der Gründer von Utopia mit der Vermutung gutgeheißen, „ob Gott nicht gerade Mannigfaltigkeit und Verschiedenartigkeit der Verehrung wünsche und deshalb den einen so, den andern so inspiriere" (Morus 1981, 160). Dies sind ziemlich liberale, auf Lessings „Nathan" und ökumenische Ideale späterer Zeiten vorausweisende Äußerungen eines Autors des 16. Jahrhunderts, der als katholischer Märtyrer hingerichtet wurde.

Frauen sind Männern in „Utopia" insoweit gleichgestellt, als auch ihnen alle Bildungsmöglichkeiten (selbst der Militärdienst) und Ämter offenstehen. Vorehelicher Geschlechtsverkehr ist ebenso verboten wie Ehebruch – für Frauen gleichermaßen wie für Männer – und wird entsprechend geahndet. Sollte sich später jedoch erweisen, dass zwei Eheleute nicht zusammenpassen, haben sie die Möglichkeit, sich wieder zu trennen, vorausgesetzt, beide haben einen neuen Partner gefunden. Vor einer möglichen Heirat dürfen die künftigen Eheleute einander nackt sehen, wohl, um rechtzeitig abzuklären, ob wechselseitige körperliche Anziehung gegeben ist. Das klingt ziemlich modern, als würden die individuellen Interessen der Menschen und ihre Erwartungen an ihr privates Glück tatsächlich berücksichtigt werden.

Was sich auf den ersten Blick wie ein säkularer Garten Eden darstellt, ist bei genauerer Betrachtung trotzdem ein Gefängnis auf hohem Niveau. Denn auch hier wird dem Individuum – wenn auch auf viel buntere, komplexere Weise als in der „Politeia" – vorgeschrieben, wie sein Zusammenleben mit den Anderen zu verlaufen hat. Für Außenseiter und kreative Querköpfe ist „Utopia" keine Insel der Seligen. Und obwohl Hythlodeus den humanen Strafvollzug damit begründet, dass Verbrecher durch die sozioökonomischen Bedingungen vom rechten Weg abgekommen seien – auch dies ein psychologisch und rechtsphilosophisch äußerst moderner Gedanke! –, gibt es dennoch Sklaven für die niederen Dienste (etwa das Metzgerhandwerk), durch deren eigene Ausübung die Einwohner der Insel verrohen würden. Die Sklaven nun, die zu dieser minderwertigen Arbeit herangezogen werden, sind einerseits Kriegsgefangene, andererseits jedoch einheimische Verbrecher, die zur Strafe für ihre Vergehen zu dieser Form von Arbeitsdienst verurteilt werden.

Das Design von „Utopia" wirkt bestechend durchdacht: Alles hat seinen Platz und seine Funktionalität – im Dienste der Allgemeinheit. Vieles vom „Guten" der idealen Insel ist indirekt zeitbezogene Kritik an der realen, auf der Morus beheimatet war. Dass sich manches davon aus der Perspektive des auf ein totalitäres Jahrhundert zurück Blickenden wie eine prophetische Drohung liest, kann auch mit dem Hinweis auf den „Humanistenscherz" nicht ganz entkräftet werden. Zu oft schon kam das Glück der Menschen unter die Räder, weil aus einem Scherz politischer Ernst wurde.

Versprechen der Ismen: Liberalismus, Sozialismus, Kommunismus

Der Liberalismus ist jene politische Idee, die das Individuum endgültig aus seinen religiösen und ständischen Bedingungen befreien sollte. Das Glück des Einzelnen steht im Mittelpunkt dieser Strömung, die ihren Ursprung bereits vor der Französischen Revolution fand. Der Engländer John Locke (1632–1704) ist einer der wichtigen Stichwortgeber

dieser politischen Unternehmung. Er war es, der als einer der Ersten
solche Rechte wie „Leben", „Freiheit" und „Privatbesitz" geltend machen wollte, die an den Einzelnen geknüpft sein sollten; außerdem trat
er für Toleranz, Gewaltentrennung und ein Widerstandsrecht ein (Ottmann 2006, 3/1). Auch Vertreter der schottischen und französischen
Aufklärung sowie Immanuel Kant spielten mit ihren theoretischen
Beiträgen für die Entwicklung des Liberalismus eine wichtige Rolle.

Die Grundidee des Liberalismus lässt sich schnell auf den Punkt
bringen: „Freiheit" ist das wichtigste Gut. Begründen muss jeder, der
sie einschränken möchte, warum er das zu tun beabsichtigt. All die
oben genannten Rechte, die im Zusammenspiel Freiheit gewährleisten
und ausgestalten, machen die Tiefenstruktur dieser politischen Figur
aus. Der Schutz vor Willkür ist ein wesentliches Merkmal. Der Liberalismus hat sich in Europa auf unterschiedlichste Weise entwickelt und
dabei auch zu scheinbar widersprüchlichen Verbindungen geführt. So
paarte er sich etwa mit dem Konservativismus, konnte aber auch mit
sozialeren, linken, revolutionären Ideen einhergehen. Der Pauschal-
vorwurf an die Adresse der Liberalen, kein Herz für den sozialen Gedanken zu besitzen, kann so nicht aufrechterhalten werden. Gerade die
Parade-Liberalen Jeremy Bentham und John Stuart Mill hatten durchaus eine über blankes Eigeninteresse hinausreichende soziale Haltung
vertreten. Dennoch ist der Liberalismus eine politische Strömung, die
auf Eigenverantwortung des Einzelnen setzt und damit die „Geborgenheit" des Wohlfahrtsstaates, sei es jene des explizit paternalistischen
des 18. Jahrhunderts, sei es die seiner moderneren Weiterentwicklun-
gen, als Bevormundung zurückweist. Glück, so lautet das Credo der
Liberalen, ist eine Sache, die der Einzelne am besten in Eigenregie für
sich selbst verwirklicht – und dies gelingt dort am ehesten, wo die wenigsten Beschränkungen herrschen. Regeln und Gesetze sind nur zulässig, wo es ohne sie zu noch mehr Unfreiheit der Menschen (etwa
durch ungeahndete Gewalt) kommen würde.

Das Elend der Arbeiter in der Folge der „Industriellen Revolution",
die zu Anfang als Hoffnungsschimmer einer neuen Zeit allgemeinen
Wohlstands missverstanden wurde, rief eine eigene Strömung von
Denkern auf den Plan: die so genannten Frühsozialisten. Drei Namen
sind hier erwähnenswert: Robert Owen (1771–1858), Charles Fourier
(1772–1837) und Étienne Cabet (1788–1856). Interessant an den Frühsozialisten ist die Tatsache, dass sie es nicht bei ihren theoretischen, utopischen Entwürfen beließen, sondern sich für eine reale Verbesserung

gesellschaftlich benachteiligter Menschen einsetzten. Die Zahl der sozial Schwachen wurde, entgegen der Erwartungen durch die steigende Technisierung der Fabriken, immer größer. Die später von Marx und Engels beschriebene Konzentration von Geld und Produktionsmitteln auf der einen Seite und die Verarmung der Massen auf der anderen, sie nahmen bereits hier ihren Anfang. Kinderarbeit, mangelnde Ausbildung, Alkoholismus – das Glück befand sich jedenfalls nicht auf Seiten der Massen. Owen, Fourier und Cabet versuchten, Sozialexperimente zu realisieren, die jedoch allesamt scheiterten. Ob dies an den sozialen Verhältnissen selbst oder an den – vielleicht zu optimistisch angelegten – Utopien lag, ist umstritten (Ottmann 2008, 3/3, 133ff.).

Karl Marx (1818–1883) und Friedrich Engels (1820–1895) als Utopisten zu bezeichnen (Ottmann 2008, 3/3, 147ff.) könnte zulässig sein, obwohl gerade die beiden Denker sich selbst am heftigsten gegen diese Zuordnung wehren würden; sie haben vielmehr beansprucht, nicht zu den „utopischen" Sozialisten gerechnet zu werden. Warum sollte Karl Marx, der immer wieder die Wissenschaftlichkeit seiner Thesen im Unterschied zu den Sehnsüchten der Frühsozialisten reklamierte, als einer von ihnen angesehen werden? Die in den Philosophien der Aufklärung gedachten und in der Französischen Revolution zumindest teilweise verwirklichten Ideale der Freiheit, Gleichheit und Brüderlichkeit sind wichtige Essenzen des modernen Glücks – für den Einzelnen wie für das Zusammenleben der Menschen. Die Frühsozialisten hefteten diese Ideale auf ihre Fahnen und gaben sie als anzustrebende Ziele des Menschen aus.

Der die Frühsozialisten kritisierende Marx wollte keine idealistischen Pläne darüber erstellen, was getan werden müsse – und hat es dennoch getan: Was, wenn nicht ein Handbuch zur Verwirklichung ihrer eigenen (utopischen?) Ideen ist das von Marx und Engels verfasste „Manifest der Kommunistischen Partei"? Im Entstehungsjahr 1848 glaubten die beiden Autoren das von ihnen „wissenschaftlich" prognostizierte künftige Paradies auf Erden – wenn auch vorerst nur für Deutschland, wo die bürgerliche Revolution scheinbar kurz davor stand, die herrschenden Verhältnisse zu verändern – förmlich riechen zu können. Das „Manifest" ist sowohl inhaltlich als auch vom Stil her unzweifelhaft Ausdruck dieser Eschatologie. Aber passt dies zur wissenschaftlich-neutralen, wertfreien Betrachtungsweise, die Marx und Engels ihrer Arbeit zugrunde gelegt haben wollten? Eine seltsame Spannung zwischen wissenschaftlicher Distanz und politischem Engagement durchzieht die Schriften von Marx und Engels. Die bekannte Formulierung aus der 11. Feuerbach-These, dass die Philosophen die Welt nur interpretiert hätten, es aber darauf ankäme, sie zu verändern, spricht für die Praxis und gegen trockene Theorie. Eine klare Entscheidung zwischen einer voluntativ-politischen und einer ökonomisch-deterministischen Auffassung der Geschichte lässt sich bei Marx und Engels nicht fällen (Ottmann 2008, 3/3, 164).

Obwohl viele Texte sich wie programmatische Abhandlungen zur Weltverbesserung lesen, hat Marx immer wieder darauf gepocht, bloß die von ihm erkannten Gesetze wiederzugeben, nach welchen sich die Welt entwickeln muss und daher auch entwickeln wird. Er versuchte damit, alle bisherigen Utopien, von denen keine einzige erfolgreich umgesetzt worden war, zu überbieten – auf Basis des Glaubens an die Macht der Wissenschaft seiner Zeit. Einerseits diagnostizierte Marx die Faktoren, die das Unglück des Menschen inmitten der Epoche der Industrialisierung ausmachten. „Entfremdung" ist ein Schlüsselbegriff dieser Diagnose. Der in der fabriksmäßigen Fertigung tätige Proletarier stellt ein kleines Stück eines großen Ganzen her – aber nichts von beidem gehört ihm. Alles, was er bei diesem Prozess sein Eigen nennen darf, ist seine Arbeitskraft, die er jedoch dem kapitalistischen Eigentümer der Fabrik verkauft, nein, zum Schleuderpreis verkaufen muss. Denn die industrielle Reservearmee steht bereit, den Job um weniger Geld zu machen. Der Kapitalist wiederum beutet, nach Ansicht von Marx und Engels, die Arbeit aus, indem er den vom Proletarier im Zuge seiner Leistung erbrachten Mehrwert abschöpft und ihm nur so viel bezahlt, wie er zur Wiederherstellung seiner Arbeitskraft benötigt. Durch die kapitalistische Produktionsweise wird der einfache Mensch an der Maschine sowohl dem Produkt seiner Arbeit als auch, durch die ihm aufgezwungene Lebensweise, sich selbst entfremdet.

Nun zeichnete Marx die Entwicklung auf, die diese Gesellschaft zwangsläufig nehmen müsse und deren Ziel – nach einer Übergangsphase: jener berühmten „Diktatur des Proletariats" – eine klassenlose Gesellschaft sein würde: ein kommunistisches Paradies auf Erden. Nur so viel ist sicher: Es würde eine Gesellschaft sein, in welcher Privatbesitz (an Produktionsmitteln) abgeschafft wäre, kein Zwang zur Arbeit (und der damit verbundenen Ausbeutung von Menschen) herrschen und die Freiheit zur Entfaltung individueller Fähigkeiten bestehen würde. Die Geschichte der Menschheit bis dorthin aber sei eine Geschichte von Klassenkämpfen. Nicht die Ideen, sie sind nur geistiger Überbau, sondern ihre materiellen Grundlagen, die ökonomischen Bedingungen und ihr Wandel, seien das Getriebe, das die dialektische Entwicklung in Bewegung hält.

Von unterschiedlichen Richtungen aus, aber stets mit dem Credo auf der Fahne, dem Menschen zum Glück verhelfen zu wollen, nähern sich Sozialismus, Kommunismus und Liberalismus ihrem Ideal von Gesellschaft. Der Sozialismus beklagt die Ungerechtigkeiten, um zu ihrer – solidarischen – Veränderung aufzurufen. Die „wissenschaftlichen Sozialisten", sprich: Kommunisten, meinen: „Gemach!", der Wandel würde sich ohnedies ereignen – und zwar ganz von selbst. Der Liberalismus schließlich gibt sich skeptisch; er glaubt nicht ans Glückspotenzial von Gleichheit und Brüderlichkeit. „Freiheit!" lautet seine Parole, denn nur so kann jeder das verwirklichen, was er für seine eigene Glückseligkeit benötigt.

Verteidigung der offenen Gesellschaft: Popper

Für Karl Popper (1902–1994) sind politische Utopien ungeeignet, das Glück des Menschen zu befördern oder überhaupt herzustellen. Der in Wien geborene Philosoph, der sowohl den rechten als auch den linken Terror des 20. Jahrhunderts kennen und zu verachten gelernt hatte, legte seine gesellschaftstheoretischen Überlegungen in zwei Schriften nieder: „Das Elend des Historizismus" (1957) und „Die offene Gesellschaft und ihre Feinde" (1945). Popper begegnete den „großen" Versuchen, dem Menschen seine Glückseligkeit am polittheoretischen Planungstisch zu entwerfen, nicht nur mit Skepsis, sondern mit schlichter Ablehnung. Obwohl er gewisse Sympathien für Marx und die politische Linke hegte, sah er auch in ihren Ansätzen die Entwicklung zu Diktatur und Unfreiheit des Menschen angelegt.

In „Die offene Gesellschaft und ihre Feinde" knöpfte Popper sich daher die – seiner Meinung nach – maßgeblichen Wegbereiter des Totalitarismus vor: Platon, Hegel und Marx. Den von ihm kritisierten Theoretikern und ihren politischen Modellen stellt er sein eigenes Ideal eines glücklichen Staates entgegen – die „offene Gesellschaft". Sie gibt Antwort auf die Frage, wie politische Institutionen organisiert werden müssen, damit inkompetente Herrscher nicht nur keinen oder wenig Schaden anrichten können, sondern wie der Staat (also alle in ihm lebenden und ihn konstituierenden Menschen) sich wieder von ihnen befreien kann – und zwar auf gewaltlose, unblutige Weise.

Die gesuchte Form der staatlichen Organisation gibt es bereits: Es handelt sich um die (moderne) Demokratie, die es nicht nur erlaubt, Politiker in hohe Staatsämter zu wählen, sondern sie auf legale Weise von dort auch wieder zu entfernen. Die Freiheit der Meinungsäußerung und die damit verbundene Möglichkeit, sich über politische Konzepte verschiedener „Anbieter", zum Beispiel Parteien, auszutauschen, sie zu prüfen, sie anzunehmen oder zu verwerfen und sich dann für andere zu entscheiden – all das macht die Großartigkeit dieser Staatsform aus. Denn im Unterschied zu Platons „Politeia", wo die Menschen um des Staates willen auf eine genau festgelegte Art zu existieren hatten, ist der demokratische Staat für die Menschen da.

Die Thesen Poppers haben starken Zuspruch, aber teilweise auch Kritik und Ablehnung erfahren. Vor allem seine Darstellung der Ideen und Absichten Platons ist unter Experten umstritten. Der Vorwurf des „Historizismus" (die Annahme einer quasi naturgesetzlichen Entwicklung der Gesellschaft), den er den von ihm geächteten Philosophen macht, ist im Falle Hegels und in jenem von Marx wahrscheinlich zulässig, bei Platon hingegen nicht wirklich gerechtfertigt, obwohl vieles von Poppers Kritik am Autor der „Politeia" den Tatsachen entspricht.

Die Frage, ob es überhaupt eine mit Gesetzen beschreibbare Entwicklungsgeschichte der Menschheit gibt, verneint Popper (1987 und 1992) in seiner Kritik des „Historizismus". Dennoch hält er es gegen Ende von „Die offene Gesellschaft und ihre Feinde" für legitim, die Weltgeschichte als Kampf für eine offene Gesellschaft zu deuten. Dies ist weniger die Prophetie einer zwangsläufig auf uns zukommenden paradiesischen Zeit auf Erden nach einer ihr innewohnenden Logik (wie er sie bei Hegel und Marx kritisierte), es ist vielmehr eine Aufforderung an die Menschen, ihr Glück immer wieder aufs Neue zu sichern, indem sie alles, was dieses Glück gefährden könnte, wachsamen Auges und kritischen Geistes beobachten und rechtzeitig dagegen auftreten.

Dass es gerade die linken Utopien und säkularen Glaubenssysteme waren, die besonders viele gebildete Menschen in ihren Bann schlugen, erklärt Popper im Übrigen damit, dass diese in ihren Zielen echte humanitäre Gesinnung transportieren. Dass sie, so müsste man Popper ergänzen, trotzdem immer wieder zu Diktatur und Gewalt geführt haben und überhaupt führen konnten, liegt wohl daran, dass das unstillbare Bedürfnis des Menschen, sein Glück schon in diesem Leben zu verwirklichen, auch den klügsten Menschen unvorsichtig und anfällig für politische Scharlatane macht.

5

Das erforschte Glück: Methoden und Ergebnisse der Wissenschaften

Es waren zwei französische Mathematiker, Blaise Pascal und Pierre Fermat, die im 17. Jahrhundert eher beiläufig, im Zuge eines Briefwechsels über ein Problem des Glücksspiels die Wahrscheinlichkeitsrechnung „erfanden". Ganze Wirtschaftszweige profitieren bis heute davon. Mit der Mathematik erwuchs nicht erst der modernen Naturwissenschaft ein äußerst potentes Werkzeug. Auch die Humanwissenschaften bedienen sich ihrer Methodiken. Jene Disziplin, die sich die Erforschung des Glücks auf die Fahnen geheftet hat, die Psychologie, brachte bereits zu Beginn des 20. Jahrhunderts unterschiedliche Antworten hervor. Sigmund Freud war kein Optimist in Bezug auf die Glücksfähigkeit des Menschen. Triebbefriedigung wird zwar als glückvoll empfunden, ist aber nicht von Dauer. Eine Hierarchie von Bedürfnissen stellte Abraham H. Maslow auf. Als Mitbegründer der „Humanistischen Psychologie" war es ihm ein Anliegen, den Reduktionismus der Behavioristen und den Pessimismus Freuds zu überwinden. Glück ist dem Menschen möglich, allerdings erst durch die Befriedigung höherer Bedürfnisse. Viktor E. Frankl wollte dem Menschen dabei helfen, den verlorenen Sinn im Leben wieder zu finden. Als Nebeneffekt fällt bei der Sinnsuche, zu der die von Frankl entwickelte Logotherapie dienen soll, Glück an. Mihaly Csikszentmihalyi beschreibt das Gefühl, durch dessen Erleben Glück zustande kommt, als „Flow" – ein Fließen im Tätigsein, bei dem der Handelnde mit seiner Handlung verschmilzt und ganz in ihr aufgeht. Die Glücksforschung des 20. Jahrhunderts versucht, Glück in seiner Vielfalt zu bestimmen und seine diversen Bedingungen zu analysieren. Was ist Glück? Und wie lässt es sich – falls überhaupt – messen? Das sind die Fragestellungen der aktuellen Glücksforschung.

Homo ludens rechnet: Mathematik

„Mein Herr, / 1. Ich konnte Ihnen mit der letzten Postsendung nicht alle meine Gedanken bezüglich des Spielabbruchproblems bei mehreren Spielern darlegen, und ich habe sogar einigen Widerwillen, dies zu tun, aus Furcht, dass dabei diese wunderbare Übereinstimmung, die zwischen uns war und die mir so teuer war, sich aufzuheben beginnt; denn ich befürchte, dass wir über diesen Gegenstand verschiedener Ansicht sind. Ich will Ihnen all meine Argumente darlegen, und tun Sie mir den Gefallen, mich zu verbessern, wenn ich irre, oder mich zu bestärken, wenn ich recht habe. Ich bitte Sie inständig und aufrichtig, denn ich werde mich nur im Recht fühlen, wenn Sie meiner Ansicht sind" (Pascal zit. n. Devlin 2009, 7).

In seinem Brief vom 24. August 1654 an seinen „Kollegen" Pierre Fermat (1607/08–1665), eigentlich war dieser Jurist, spricht der französische Mathematiker Blaise Pascal (1623–1662) von einem, im wahrsten Sinne des Wortes, spielerischen mathematischen Problem: Es ging darum, wie bei einem Wettkampf, der vor dem Sieg eines der beiden Spieler abgebrochen werden muss (zum Beispiel wegen Schlechtwetters), die Gewinnsumme zwischen ihnen aufgeteilt werden sollte. Das rechnerische Verfahren, welches die zwei Franzosen entdeckten, war revolutionär und bereicherte nicht nur die Glücksspielbranche. Die praktischen Anwendungen, die aus den mathematischen Überlegungen von Fermat und Pascal resultierten, sind wichtige Bestandteile unserer modernen Gesellschaft: Versicherungs- und Kreditwesen, Kosten-Nutzen-Analysen, Demoskopie, ja, selbst Wetterprognosen basieren auf den Erkenntnissen der beiden Geistesgrößen und deren Weiterentwicklung in den folgenden Jahrhunderten.

All diese kulturellen Errungenschaften mögen zwar nicht direkt das menschliche Glück befördern. Sie helfen aber dabei, man denke nur ans Versicherungswesen, die Folgen möglichen Unglücks abzufedern. Die Tatsache, dass ein relativ unbedeutendes, wenn auch nicht uninteressantes Ausgangsproblem zur Entwicklung der Wahrscheinlichkeitsrechnung geführt hat, kommentierte ein anderer großer französischer Mathematiker, Pierre-Simon Laplace (1749–1827), mit den Worten: „Es ist bemerkenswert, dass eine Wissenschaft, die mit der Betrachtung von Glücksspielen begonnen hat, zu einer der bedeutendsten menschlichen Erkenntnisse geworden ist" (zit. n. Blum 2007, 114).

Das Glücksspiel war schon vor der Antike bekannt und beliebt. So fanden Archäologen bei Ausgrabungen in Ägypten so genannte Astragali: Sprunggelenksknochen von Huftieren, die als Würfel gedient haben dürften. Dass einige von ihnen manipuliert worden waren, deutet darauf hin, dass der Betrug wahrscheinlich genauso alt ist wie das Glücksspiel selbst. Dass er stattfand, mag nicht zuletzt daran gelegen haben, dass die Gewinnchancen noch nicht berechnet werden konnten und die Versuchung daher groß war, dem eigenen Glück auf die Sprünge zu helfen. Noch für Aristoteles war es ausgeschlossen, dass sich der Zufall jemals vom menschlichen Verstand durchdringen lassen würde. Und es dauerte bis zum Ende des Mittelalters, bevor sich erstmals Denker daran versuchten, die Zukunft mathematisch zu erfassen und auf diese Weise in den Griff zu bekommen.

Abhandlungen über das Glücksspiel tauchten schon im 13. Jahrhundert auf, so etwa die Schrift „Über die Alte", ein in Hexameter verfasstes Gedicht, das die Varianten beim Würfelspiel aufzählt und Richard de Fournival (1201–1260), dem Kanzler der Kathedrale von Amiens, zugeschrieben wird. Das erste Werk, das Fragen, die später unter dem Titel der „Wahrscheinlichkeitsrechnung" Eingang in die Mathematik gefunden haben, zum Thema hat, stammt aus der Feder des italienischen Philosophen, Arztes und Mathematikers Gerolamo Cardano (1501–1576). In seinem „Buch über das Würfelspiel" (1524) erläutert der Autor die Anzahl der Möglichkeiten, mit mehreren Würfeln eine bestimmte Gesamtaugenzahl zu erreichen.

Die Mathematik ist eine der größten kulturellen Errungenschaften der Menschheit. Mit ihrer Hilfe gelingt es nicht nur, natürliche Phänomene zu bändigen, indem sie es ermöglicht, diese auf abstrakter Ebene zu beschreiben und theoretisch zu manipulieren. Sie dient darüber hinaus auch dazu, neue wissenschaftliche Erkenntnisse zu gewinnen und diese in praktische Technologien umzugießen. Dabei ist die Mathematik keine den Naturwissenschaften vergleichbare empirische Disziplin, sondern eine konstruierende Hilfswissenschaft, ein reines Geistesprodukt. Sie ist der Werkzeugkasten, aus dem sich die verschiedenen (Natur-)Wissenschaften bedienen. Das soll – zumindest der Anekdote nach – auch der Grund dafür sein, warum der schwedische Chemiker Alfred Nobel (1833–1896), der Erfinder des Dynamits und Stifter der nach ihm benannten Preise, die Mathematik nicht in die Reihe der auszuzeichnenden Disziplinen aufgenommen hat.

Trotz dieser stiefmütterlichen Behandlung durch Alfred Nobel hat die Mathematik einen immens hohen Stellenwert für die gesamte

menschliche Kulturgeschichte. Wissenschaft und Technik, mit denen
der Mensch seine Lebensbedingungen erheblich verbessern konnte
und auch weiterhin verbessern wird, sind ohne Mathematik bzw. ma-
thematisch-abstraktes Denken nicht vorstellbar. Unbestreitbar gilt
daher noch heute, was Immanuel Kant 1786 in seiner Schrift „Metaphysische Anfangsgründe der Naturwissenschaft" über die Bedeutung
dieser „Hilfswissenschaft" zu verkünden hatte: „Ich behaupte aber, dass
in jeder besonderen Naturlehre nur so viel *eigentliche* Wissenschaft
angetroffen werden könne, als darin *Mathematik* anzutreffen ist" (Kant
1996, IX, 14).

Welchen Wert die Mathematik gerade auch für die Entdeckung
neuen Wissens besitzt, belegt die moderne Physik unserer Tage. Die
beiden wichtigsten physikalischen Theorien der Gegenwart, die Rela-
tivitätstheorie und die Quantenmechanik, sind nicht mehr anschau-
lich bzw. mit unserer Alltagsintuition erfassbar. Sie sind das Ergebnis
abstrakter Rechenkunst auf hohem Niveau. Um sie „verstehen" und
anwenden zu können, muss man sich komplizierter mathematischer
Verfahren bedienen.

Aber nicht nur die naturwissenschaftlichen Disziplinen greifen auf
die quantifizierende Methodik zurück. Auch Humanwissenschaften
wie Psychologie, Soziologie, Ökonomie und eben auch die interdiszi-
plinär agierende Glücksforschung untersuchen ihr jeweiliges Objekt mit
Hilfe der Mathematik – in Gestalt aufwändiger statistischer Verfahren.
Das wichtigste Instrument, das nicht nur Natur-, sondern auch Geis-
teswissenschaftler täglich in Gebrauch haben, ist der Computer, der
ohne Mathematik nicht funktionieren würde.

Therapie und Empirie mit der Couch: Psychologie, Psychoanalyse

Die „(neue) positive Psychologie" ist eine relativ junge akademische
Disziplin, die sich erst Mitte der 90er Jahre des 20. Jahrhunderts entwickelte (Auhagen 2008, 1ff.). Ihr Erfinder ist der US-amerikanische
Psychologe Martin E. P. Seligman (geb. 1942), der 1998 zum Präsiden-
ten der American Psychological Association ernannt worden war. Seligman (2002) erinnerte seine Fachkollegen an drei wesentliche Ziele,
welche die Psychologie vor dem Zweiten Weltkrieg verfolgt hatte: das
Heilen psychischer Krankheiten, die Anleitung zu einem produktiven

und erfüllten Leben, schließlich das Entdecken und die Förderung von Hochbegabungen. Die Fokussierung auf die erste dieser drei Aufgaben resultierte nach Ansicht Seligmans unter anderem aus den Schrecken des Krieges, der viele Veteranen traumatisiert zurückließ.

Im von der Amerikanischen Psychiatrischen Vereinigung herausgegebenen „Diagnostischen und Statistischen Manual Psychischer Störungen" (DSM), der „Bibel" der klinischen Psychologie, fanden sich 1952, im Jahr ihres Ersterscheinens, 106 psychische Erkrankungen auf 86 Seiten aufgelistet. Bis zum Jahr 1994 war der Umfang dieses Standardwerkes auf über 900 Seiten gewachsen, die Zahl der beschriebenen psychischen Erkrankungen war beinahe auf das Dreifache (297) gestiegen und umfasste Themen wie „‚verminderte sexuelle Appetenz' ebenso wie überquellende Aktivität von Kindern, wenn diese durch die Türe rasen, ‚bevor sie die Jacke anhaben'" (Bucher 2009, XII).

In Anbetracht dieser Bestandsaufnahme hielt Seligman es für hoch an der Zeit, sich wieder verstärkt auf die zweite Aufgabe seines Faches zu konzentrieren. Die (neue) positive Psychologie war das Resultat dieser Rückbesinnung und schwappte, ausgehend von den USA, auf viele europäische und außereuropäische Länder über. Natürlich verdrängte oder ersetzte sie die „negative" Psychologie nicht. Das Adjektiv „negativ" klingt abwertend und ist nicht korrekt, denn das berechtigte Anliegen von Psychopathologie und klinischer Psychologie besteht darin, den Menschen von seinem Unglück in Gestalt psychischer Erkrankungen zu befreien und ihn somit, auf indirektem Weg, seinem Glück oder wenigstens der Möglichkeit dazu näher zu bringen.

Schon bevor Seligman zum Paradigmenwechsel aufrief, gab es Wissenschaftler, die das menschliche Glück aus psychologischer Sicht unter die Lupe nahmen. Vier wichtige Persönlichkeiten des 20. Jahrhunderts, die sich dem Thema auf unterschiedliche Weise näherten und damit wichtige Vorarbeit und Inspiration für die (neue) positive Psychologie und Glücksforschung leisteten, waren bzw. sind Sigmund Freud (1856 bis 1939), Abraham H. Maslow (1908–1970), Viktor E. Frankl (1905 bis 1997) und Mihaly Csikszentmihalyi (geb. 1934).

Ein für Sigmund Freud in diesem Zusammenhang wichtiger Begriff war jener der „Homöostase": das Gleichgewicht. Wenn der Mensch einen Trieb verspürt, etwa Hunger oder sexuelle Lust, entsteht eine Spannung, die als Unlust empfunden wird und aufgelöst werden muss. Durch die dazu erforderliche Handlung geht das System wieder in einen Gleichgewichtszustand über. Dieser Übergang zur Homöostase wird von einem positiven Gefühl begleitet, wie Freud in seiner Schrift „Die Frage der Laienanalyse" (1926) ausführt: „Das Herabsinken der Bedürfnisspannung wird von unserem Bewusstseinsorgan als lustvoll empfunden" (zit. n. Kutz 2004, 41). Glück, im allgemein gebräuchlichen Sinn des Wortes, kann der Mensch nach Freud allerdings nicht erreichen, wie er in seiner Schrift „Das Unbehagen in der Kultur" (1930) erläutert, denn „die Absicht, dass der Mensch ‚glücklich' sei, ist im Plan der ‚Schöpfung' nicht enthalten. Was man im strengsten Sinne Glück heißt, entspringt der eher plötzlichen Befriedigung hoch aufgestauter Bedürfnisse und ist seiner Natur nach nur als episodisches Phänomen möglich. […] wir sind so eingerichtet, dass wir nur den Kontrast intensiv genießen können, den Zustand nur sehr wenig. Somit sind unsere Glücksmöglichkeiten schon durch unsere Konstitution beschränkt" (Freud 1993, 75).

Nicht nur diese rein physiologische Beschreibung zeigt Freud als Pessimisten in Bezug auf die (dauerhafte) Verwirklichung von Glück. Wenn zum Erfahren auch nur des kleinsten Glücksgefühls zuerst sein Gegenteil in Form von Unlust in Kauf genommen werden muss und nur die Auflösung dieser negativen Emotion ein kurzes Aufflackern des Glücks ermöglicht, ist das nicht besonders viel. Darüber hinaus verbietet das Gefüge, in welchem sich der Mensch immer schon befindet, sein Glücksstreben konsequent umzusetzen. Während das „Es" darauf drängt, seine Bedürfnisse am besten sofort zu stillen, verunmöglichen die vielfältigen Anforderungen der Realität (Freud spricht in diesem Zusammenhang vom „Realitätssinn") und das „Über-Ich" die Befriedigung der Triebe im Moment ihres Auftretens – und zwar in der Weise, wie sie befriedigt werden wollen. Aus dem Verzicht auf instantane Bedürfnisbefriedigung entspringen, so Freud in seiner Abhandlung „Das Unbehagen in der Kultur" (1929/30), bekanntermaßen menschliche Kultur und Zivilisation (1993, 92ff.).

Der US-amerikanische Psychologe Abraham Harold Maslow (1908–1970) war ein Vertreter der „Humanistischen Psychologie", zu der unter anderem auch Charlotte Bühler, Carl Rogers und Fritz Perls zählten. Diese Schule, die sich selbst als dritte Position neben Behaviorismus und Psychoanalyse ansah (obgleich einige ihrer Mitglieder letzterer Schule entstammen), trat vor allem gegen die behavioristische Tendenz auf, die „aus dem Menschen ‚nur eine größere weiße Ratte oder einen langsameren Computer' gemacht habe"; das Credo der Humanistischen Psychologie bestand hingegen darin, eine Psychologie zu entwickeln, „die das aktive Streben des Menschen nach einem erfüllten Leben, nach Anerkennung und Selbstverwirklichung in den Mittelpunkt stelle" (Lück 1996, 170).

Auf Abraham H. Maslow geht auch die bekannte Bedürfnispyramide (eigentlich: Bedürfnis-Hierarchie; „Motivation und Persönlichkeit", 1943) zurück. Die Idee hinter diesem Konzept: Es soll eine Reihung der verschiedenen menschlichen Bedürfnisse nach ihrer Wertigkeit bieten. Auf der untersten und damit wichtigsten Ebene, dem Fundament der gesamten „Pyramide", finden sich die physiologisch-biologischen Bedürfnisse wie Essen, Trinken, Schlafen, Sexualität usw. angesiedelt. Eine Stufe höher liegen die Sicherheitsbedürfnisse. Diese umfassen einerseits materielle Sicherheit, andererseits Schutz vor Gefahren, Schmerz und Angst. Auf der nächsthöheren Ebene kommen die sozial-emotionalen Bedürfnisse dazu; zu ihnen zählen Geborgenheit, Liebe, Freundschaft und soziale Integration im weitesten Sinn. Unter die Ich-Bedürfnisse auf der vierten Stufe fallen Selbstachtung, Leistung, Anerkennung durch andere und Sinnfindung. Darüber wiederum liegen die Selbstverwirklichungs-Bedürfnisse, unter welche zum Beispiel jene nach Entfaltung individueller Begabungen und Fähigkeiten gerechnet werden.

Kurz vor seinem Tod hat Maslow diese Hierarchie um eine weitere Stufe ergänzt: dem Bedürfnis nach Transzendenz (Asanger / Wenninger 2004, 850f.). Diese Hierarchie besagt nicht, dass mit Betreten einer höheren Stufe die unteren verlassen würden. Vielmehr kommen die „höheren" Bedürfnisse zu den „niedrigeren" hinzu. Der Mensch bedarf gemäß dieses Modells zu seinem Glück der Befriedigung einer komplexen Mischung physischer, sozialer, emotionaler und intellektueller Bedürfnisse. Die Befriedigung der auf den Ebenen eins bis vier angesiedelten „defizitären Bedürfnisse" (D-Needs) ist die Voraussetzung für die Befriedigung der B-Motive (Being-Values) auf den beiden oberen Ebenen, welche entwicklungspsychologisch erst mit dem Voranschreiten der individuellen Biographie entstehen. Die Stillung eines Bedürfnisses und damit seine „Entfernung aus dem Zentrum der Aufmerksamkeit" bringt nicht „einen Zustand der Ruhe oder der stoischen Apathie mit sich", sondern eher „das Auftauchen eines anderen ‚höheren' Bedürfnisses im Bewusstsein; Wollen und Verlangen dauern an, aber auf einem ‚höheren' Niveau" (Maslow 1973, 45).

Bei der Bewertung der Bedürfnisse geht Maslow (1977, 156) davon aus, dass alle, „die in ihren höheren wie auch niedrigeren Bedürfnissen befriedigt wurden, [...] die höheren mehr als die niedrigen" werten; sie würden für die höheren mehr opfern und den niedrigeren eher Widerstand leisten: „Zum Beispiel werden sie es leichter finden, ein asketisches Leben zu führen, aus prinzipiellen Gründen Gefahr auf sich zu nehmen, Geld und Prestige zugunsten der Selbstverwirklichung aufzugeben." Ähnlich wie schon John Stuart Mill, der das auf die physischen Genüsse konzentrierte utilitaristische Konzept seines Vorgängers Jeremy Bentham zugunsten einer Ergänzung durch geistige Genüsse und deren höhere Bewertung korrigierte, behauptet Maslow in Bezug auf höhere und niedrigere Bedürfnisse: „Wer beides kennt, wird allgemein Selbstachtung als eine höhere, wertvollere subjektive Erfahrung einstufen als einen vollen Magen" (Maslow 1977, 156).

Was nun das Glück angeht, so ist Maslow (im Unterschied zu Freud) davon überzeugt, dass es sehr wohl zu erreichen ist, allerdings nicht durch Befriedigung der tiefer angesetzten Bedürfnisse. Hier ist Maslow auf einer Linie mit dem Vater der Psychoanalyse, wenn er sagt, dass ihr Gestilltwerden nur ein „Gefühl der Erleichterung und Entspannung" bringt. Die höheren Bedürfnisse jedoch (bzw. deren Befriedigung) sind – entgegen Freud – keine Sublimationen, sondern führen zu „erwünschteren subjektiven Resultaten, das heißt zu tieferem Glück, Gelassenheit und Reichtum des inneren Lebens." Nur sie bewirken „Ekstase, Grenzerfahrungen und das Glücksdelirium der zufrieden gestellten Liebe oder Folgen wie Heiterkeit, Verständnis, Geistesadel und Ähnliches mehr" (Maslow 1977, 155).

Für den Wiener Psychiater und Neurologen Viktor Emil Frankl, der zunächst Schüler Freuds war, sich dann der Individualpsychologie Alfred Adlers (1870–1937) zuwandte und sich später mit den Ideen von Maslow auseinandersetzte, ist der Begriff des „Sinns" zentral. Der Grund dafür lag darin, dass viele der Patienten Frankls an Gefühlen von Sinnlosigkeit, an einem Mangel an Lebenssinn (Frankl nannte dies „existenzielles Vakuum") litten, obwohl ihre Grundbedürfnisse in der Überflussgesellschaft – gemäß der Hierarchie Maslows – eigentlich befriedigt waren.

Mit seiner Schülerin Elisabeth Lukas (geb. 1942) unterschied Frankl einen physischen, einen psychischen und einen geistigen Bereich, die entsprechende Bedürfnisse hervorbringen. Das Spezifische am Menschen besteht darin, dass er seine Freiheit dazu nutzen kann und will, sich Ziele zu setzen, einen „Sinn" im Leben zu suchen und diesen nach Möglichkeit zu verwirklichen. Die Annahme Freuds, dass es bloß die rein animalischen Triebe des „Es" seien, die den Menschen bewegen, wird von Frankl zurückgewiesen. Die Leere und Sinnlosigkeit, ja, der Ekel, den der Mensch trotz seines Lebens im Überfluss verspürt, resultieren aus dem bereits genannten existenziellen Vakuum, das zu Depressionen, Suchtverhalten und sogar zu Suizid führen kann. Das Glück des Menschen ist davon abhängig, ob er es schafft, einen Sinn in seinem Dasein zu finden. Das Überschreiten der eigenen Grenzen, Frankl (1976) spricht von „Selbsttranszendenz", auf einen Wert oder eine andere Person hin, ermöglicht es dem Einzelnen, eine gesunde Spannung zu erreichen, während die physischen und psychischen Bedürfnisse befriedigt werden, was wiederum zur Entspannung führt. Drei Kategorien von Werten definiert Frankl (1976): schöpferische Werte, Erlebniswerte und Einstellungswerte. Zu den schöpferischen Werten gehören unter anderem künstlerische und wissenschaftliche Betätigung, soziales und politisches Engagement, sportliche und berufliche Leistungen. Mit Erlebniswerten bezieht Frankl sich auf all jene ästhetischen Genüsse, die (auch) gemeinsam erfahren werden können, wie Kunsterleben, gutes Essen, Wein, Freundschaften und Liebe, Familie usw. Einstellungswerte verwirklicht ein Mensch, wenn er unter schwierigen Bedingungen durchhält und (sich selbst) nicht aufgibt, zum Beispiel bei Krankheit, im Krieg, in Gefangenschaft, bei Trennungs- oder Verlustschmerz (etwa beim Tod eines geliebten Menschen).

Die Erkenntnis, dass der Mensch sich auf einen Sinn hin ausrichten muss, um überhaupt glücklich werden zu können, schlägt sich in der von Frankl gegründeten Therapieschule nieder: in der „Logotherapie" (auch als „Existenzanalyse" bezeichnet). Sie gilt neben Freuds Psychoanalyse und Adlers Individualpsychologie als „dritte Wiener Schule" der Psychotherapie. Die Logotherapie will den Menschen dabei helfen, Sinn zu finden, indem sie vor allem zu Selbsttranszendenz anleiten möchte. Glück kann und sollte dabei gar nicht direkt als Ziel angestrebt werden, sondern fällt gleichsam als „Nebeneffekt" aktiver Sinnsuche ab: „Nun, ich persönlich glaube gar nicht daran, dass der Mensch wirklich im Grunde darauf aus ist, glücklich zu sein; vielmehr will mir scheinen, was der Mensch wirklich will, ist einen Grund zum Glücklichsein zu haben. Hat er nämlich einen solchen Grund, dann stellt sich das Glück von selbst ein" (Frankl 1976, 108).

Der Begriff „Flow" („Fließen") stammt vom ungarisch-stämmigen US-amerikanischen Psychologen Mihaly Csikszentmihalyi (geb. 1934).

Er versteht darunter „Freude, Kreativität und den Prozess vollständigen Einsseins mit dem Leben" (Csikszentmihalyi 2008, 11). Auch wenn der Begriff neu ist, die dahinter stehende Erfahrung ist es nicht. Und Csikszentmihalyi ist auch nicht der Erste, der das von ihm als „Flow" bezeichnete Phänomen beschreibt. Die beiden Pädagogen Kurt Hahn (1886–1974; „schöpferische Leidenschaft") und Maria Montessori (1870–1952; „Polarisation der Aufmerksamkeit") haben ein zumindest ähnliches, wenn nicht identisches Konzept vertreten (Schaub / Zenke 2002, 431).

„Flow" erlebt ein Mensch, wenn er eine Tätigkeit ausübt, bei der die zu lösenden Aufgaben weder zu schwer noch zu leicht sind. Sie entsprechen den individuellen Fähigkeiten der Person. Sowohl Über- als auch Unterforderung sind kontraproduktiv. Überforderung führt zu Angst und Stress, Unterforderung zu Langeweile. Bei der richtigen Spannung zwischen Über- und Unterforderung wächst der Mensch an seinen Aufgaben und erweitert den Umfang seiner Fähigkeiten. Weiters müssen konkrete Ziele und die zu ihrer Erreichung nötigen Strategien und Handlungen bekannt sein. Wichtig, um „Flow" zu erleben, ist außerdem eine möglichst unmittelbare Rückkopplung, das heißt: Das Erfolgserlebnis, das Erreichen von Zielen, sollte in der Nähe liegen. Beim Ausüben einer Tätigkeit, ganz egal, worum es sich dabei handelt, sollte die ausführende Person sich ganz auf ihre Aufgabe konzentrieren, im Hier und Jetzt aufgehen, alles um sich herum vergessen. Dabei findet eine Art Verschmelzung zwischen Handelndem und Handlung statt; die Zeit scheint subjektiv schneller zu vergehen. In dieser, beinahe einer meditativen Trance gleichen Selbstversunkenheit erfährt die agierende Person „Flow". Dabei entsteht ein intensives Glücksgefühl, das also nicht mit „Flow" identisch, sondern dessen Wirkung ist. Es geht also nicht um das Erreichen eines Endpunktes, sondern um die Art und das Erleben des Weges dorthin.

„Flow" kann nach Csikszentmihalyi bei ganz unterschiedlichen Situationen und Tätigkeiten auftreten. So kann ein Chirurg während einer Operation ebenso in diesen Zustand gelangen wie ein gewöhnlicher Arbeiter oder ein Kind, das etwas Neues lernt. Nach Ansicht von Csikszentmihalyi lässt sich „Flow" in allen möglichen Situationen und bei vielfältigen Handlungen erreichen. Das gesamte Leben sei so umzugestalten, dass das Erleben von „Flow" begünstigt wird.

Vermessung der Selbstwahrnehmung: Biologie, Neurologie

Studien belegen, dass Depression als Krankheit in den letzten Jahrzehnten stark zugenommen hat. Obwohl sich die materiellen Lebensbedingungen nach dem Zweiten Weltkrieg in Europa stetig verbessert haben, hat sich die Zahl der Depressiven gegenüber 1960 ungefähr verzehnfacht. Immer jünger sind die Menschen, die an Depressionen leiden, in Europa betrifft es derzeit jährlich rund 33 Millionen Menschen. Untersuchungen haben gezeigt, dass mehr Geld, ein Desiderat vieler Menschen, nicht zu mehr Glück führt. Sind die Grundbedürfnisse einmal gedeckt, steigert ein höheres Einkommen das subjektive Wohlbefinden nicht mehr (Bucher 2009, XIV).

Dabei wäre das Empfinden von Glück in vielerlei Hinsicht über das subjektive Gefühl hinaus von Vorteil, wie wissenschaftliche Studien andeuten: Stabilere soziale Beziehungen scheinen ebenso davon abzuhängen wie ein stärkeres Immunsystem oder eine höhere Lebenserwartung. Frauen und Männer in festen Beziehungen sind glücklicher als Singles, Geschiedene oder Verwitwete. Glückliche Menschen verursachen weniger Unfälle, arbeiten effizienter und sind erfolgreicher im Beruf. Glück fördert die kognitiven Fähigkeiten und erleichtert das Lernen, es steigert die Kreativität und geistige Flexibilität. Weiters ließ sich feststellen, dass glückliche Menschen moralischer und altruistischer handeln als unglückliche. Möglicherweise erfüllt das „Glücksgefühl", so behaupten an Charles Darwins Theorie angelehnte Überlegungen, eine evolutionäre Rolle. Als Belohnung fördert das Gefühl von Glück das wiederholte Ausführen von Tätigkeiten, die für das Individuum und somit indirekt für die Erhaltung der Art positive Effekte zeitigen.

Allerdings sollte nicht unerwähnt bleiben, dass es auch Studien gibt, welche von negativen Effekten des Glücks sprechen. So neigen glückliche Menschen eher dazu, so genannte Attributionsfehler zu begehen, das heißt, sie schreiben die Ursache für eigene Missgeschicke situativen Fakten zu. Dies wirkt entlastend und stärkt den Selbstwert. Außerdem zeigte sich, dass Glückliche nicht davor gefeit sind, Stereotypen zu erliegen. Allerdings beweisen ergänzend vorgenommene gezielte Studien zu dieser Frage nicht, dass sich aus dieser Neigung zu Stereotypen eine stärkere aktive Diskriminierung anderer Menschen (Stichwort „Rassismus") durch die Glücklichen ableiten ließe (Bucher 2009, 136ff.).

Es gibt in der Glücksforschung bisher kein Standardinstrumentarium. Grob lassen sich subjektive und objektive Verfahren der Glücksmessung unterscheiden. Bei der subjektiven Methode kommt der Selbsteinschätzung große Bedeutung zu. Der unbestreitbare Vorteil dieser Vorgangsweise besteht darin, dass Glück, das ja äußert subjektiv ist, auch aus der subjektiven Perspektive bewertet wird. Ein Mensch kann unter Umständen glücklich sein, unter denen ein anderer unglücklich ist, da die Glücksfähigkeit immer auch das Resultat der individuellen Veranlagung und persönlichen Lebensgeschichte ist. Ergänzt wird die Selbsteinschätzung teilweise durch Fremdbeobachtung. In der Glücksforschung können Untersuchungsdesigns vorkommen, die auf ein („Sind sie sehr glücklich, etwas glücklich oder nicht so glücklich?") oder auf mehrere Items zurückgreifen. Die Ein-Item-Befragungen werden zwar immer wieder kritisiert, weil sie eine niedrigere Reliabilität aufweisen. Es gibt aber auch Hinweise darauf, dass diese Art des Untersuchungsdesigns brauchbare Ergebnisse liefert. Bei der Befragung von Kindern oder Menschen schriftloser Kulturen werden gerne „Gesichterskalen" (Stichwort „Smiley") verwendet.

Ein recht brauchbares Messinstrument für „Glück" geht auf den Neuseeländer M. W. Fordyce (1988) zurück. Mit Hilfe seines Zwei-Item-Verfahrens lassen sich sowohl die Intensität als auch die Häufigkeit von Glück messen: „Ich fühle mich glücklich: __ % meiner Zeit. Ich fühle mich unglücklich: __ % meiner Zeit. Ich fühle mich neutral: __ % meiner Zeit". Der Einsatz der „Affekt-Balance-Skala" von Bradburn (1969) ergab, dass positive und negative Affekte nicht, wie erwartet, negativ korrelieren. Es besteht also kein reziproker Zusammenhang zwischen beiden. Ein weltweit eingesetztes Verfahren ist das „Oxford-Glücksinventar", das sich aus drei wesentlichen Komponenten zusammensetzt: 1) Häufigkeit und Intensität positiver Affekte (etwa Freude); 2) durchschnittliche Lebenszufriedenheit über einen bestimmten Zeitraum hinweg; 3) Abwesenheit negativer Affekte (zum Beispiel Angst, Depression) und insgesamt 29 Items umfasst, die auf einer Skala aus vier Punkten bewertet werden. Es gibt noch zahlreiche andere Skalen, etwa die Skala „Subjektives Glück", die „Depressions-Glück-Skala" von McGreal und Joseph, die Skala „Lebenszufriedenheit" von Diener oder die Skala „Eudämonistisches (oder psychologisches) Wohlbefinden" von Ryff (Bucher 2009, 18ff.).

Bei der Messung von Glück, die auf der subjektiven Selbsteinschätzung der Probanden beruht, besteht ein gewisses Risiko für Fehler, vor allem, wenn es sich um retrospektive Glücksbilanzen handelt, die auf die korrekte Erinnerung der Teilnehmer einer Studie angewiesen sind. Die Glücksforschung versucht, diese Fehlerquellen aufzuspüren und so gut wie möglich zu vermeiden. Dennoch: Aktuelle Stimmungen oder bestimmte Persönlichkeitsmerkmale können die Ergebnisse von Glücksstudien verzerren. So unterlaufen glücklichen Menschen mehr Erinnerungsfehler als unglücklichen, Neurotiker schätzen im Rückblick negative Emotionen stärker ein. Kulturelle Standards, aber auch die Laborbedingungen (Farben, Formen, Gerüche, Musik etc.) können ebenfalls die Resultate verfälschen.

Eine Möglichkeit, zumindest die sich aus irriger Retrospektion ergebenden Fehler zu vermeiden, besteht in der ESM, der „Erlebnisstichproben-Methode". Dabei müssen die Probanden „live", also während dem Ausführen bestimmter Tätigkeiten (oder zumindest kurz danach), protokollieren, wie sie sich dabei fühlen oder gefühlt haben. Der Nachteil dieser Erhebungsmethode beruht darin, dass sie aufgrund des Aufwandes nur bei kleinen Stichprobengrößen durchgeführt werden kann und daher nicht immer repräsentativ ist. Einen Kompromiss bietet die „Tagesrekonstruktionsmethode", bei der jeweils ein ganzer Tag, unterteilt in Episoden („Arbeit", „Essen", „Sex" etc.), rückblickend beurteilt wird. Die Aussagekraft all dieser Verfahren steht und fällt mit der Qualität der Fragen und ihrer Hellhörigkeit für mögliche Fehlerquellen und Verzerrungen der Ergebnisse (Bucher 2009, 35ff.).

Maßgeblich für die Erfassung des genetischen Einflusses auf die Glücksfähigkeit von Menschen ist die Zwillingsforschung, bei der getrennt voneinander in verschiedenen Familien und somit unterschiedlichen sozioökonomischen (und teilweise auch kulturellen) Milieus aufgewachsene Zwillinge analysiert werden. Die Ergebnisse der Minnesota-Zwillingsstudien (1994) lassen, aufgrund der hohen Übereinstimmung in Bezug auf Glück bzw. Glücksfähigkeit, erkennen, dass genetische Faktoren eine große Rolle spielen dürften.

Die von Individuum zu Individuum variierenden Persönlichkeitsmerkmale können entscheidenden Einfluss auf unsere Glücksfähigkeit haben. Das „Fünf-Faktoren-Modell" („Big Five") beschreibt eine Gruppe von für die Fähigkeit zum Glückserleben essenziellen Bedingungen: „Verträglichkeit", „Extraversion", „Gewissenhaftigkeit", „Neurotizismus" und „Offenheit für neue Erfahrungen". „Verträglichkeit" bedeutet dabei, den rücksichtsvollen, freundlichen Umgang mit Anderen, „Extraversion" die Eigenschaft, auf Andere offen zuzugehen. Unter

„Neurotizismus" verstehen die Vertreter des „Big Five"-Ansatzes die Eigenschaft von Menschen, „leicht nervös" zu werden (Bucher 2009, 51ff.).

Die Architektur des Glücks im Gehirn ist eine komplexe Angelegenheit. Mehrere Areale sind an der Entstehung dieses Gefühls beteiligt. Eine wichtige Rolle spielt der Nucleus accumbens, ein Nervenknoten, der im unteren Bereich des Vorderhirns liegt und, angeregt durch Dopamin aus dem ventralen Tegmentum, dem Ursprung dieses Glücksregelkreises, wiederum eine Ausschüttung von Dopamin bewirkt. Der Nucleus accumbens erfüllt deshalb eine Schlüsselfunktion im Belohnungssystem des Gehirns und bei der Entstehung von Sucht. Allerdings ist das Dopaminsystem nicht der einzige Glücksmechanismus im Gehirn (Bucher 2009, 55ff.).

Dopamin ist der wichtigste lustfördernde Neurotransmitter, bei Mangel dieses Botenstoffes erfährt man bereits kleinste Handlungen als schier unüberwindliche Aufgaben, während ein Übermaß an Dopamin mit hohen Glücksgefühlen einhergeht. Ein weiterer Neurotransmitter, der für das Glücksempfinden bedeutsam ist, ist das Serotonin. Ein normaler bzw. leicht erhöhter Spiegel dieses Stoffes geht mit Zufriedenheit und Gelassenheit einher, während Serotoninmangel Angst, Melancholie und Depressivität auslöst.

Eine dritte für das Glück wichtige chemische Substanz ist das Oxytocin, ein Neuropeptid, das in der Hypophyse produziert und von dort ins Blut abgegeben wird. Es löst bei Schwangeren die Wehen aus und fördert den Milchfluss der Mutter, wirkt sexuell stimulierend auf Männer und Frauen und ist bedeutsam bei der Paarbindung sowie bei jener zwischen Eltern und ihren Kindern.

Ein weites Feld: Glücksforschung

Die Glücksforschung befasst sich, mit unterschiedlichen, teilweise einander widersprechenden Ergebnissen, auch mit Fragen wie: Sind Frauen oder Männer glücklicher? Sind Menschen im Alter glücklicher, genauso glücklich oder weniger glücklich als in den anderen Lebensabschnitten? Dass Menschen auch im höheren Alter glücklich sind, gilt als gesichert, ebenfalls, dass vermehrte Sozialkontakte und Aktivitäten die Fähigkeit zu Glück steigern. Was den Zusammenhang von Bildung und Glück betrifft, so gibt es hier widersprüchliche Forschungsergebnisse, was unter anderem daran liegen könnte, dass die Vermengung mit anderen Variablen (zum Beispiel Einkommen, Beruf, Gesundheit) eine klare Analyse erschwert und Ausbildungszertifikate kein brauchbares Maß für tatsächliche Bildung abgeben (Bucher 2009, 76f.). Die subjektive Einschätzung des eigenen Glücks variiert von Land zu Land massiv, der Grund dafür ist jedoch nicht nur oder vordringlich in rein materiellen Bedingungen zu suchen. Faktoren wie „Freiheit", „soziales Kapital" und „Stellenwert des Glücks" innerhalb einer Gesellschaft usw. haben starken Einfluss auf die Glücksfähigkeit und das gefühlte Glück. Auch wenn scheinbar zutrifft, dass viel Geld nicht glücklicher macht, gilt dennoch, dass kein oder wenig Geld unglücklich macht.

Das Erleben sexueller Lust gilt allgemein als glückswirksam. Ein aktives Familienleben und ebensolche Freundschaften können (durch gemeinsames Erleben von Aktivitäten) Glück bewirken. Das gilt aber auch allgemein für Freizeitaktivitäten, die durch verschiedene physiologische Wirkmechanismen mit einer gesteigerten neuronalen Effizienz, Gehirnplastizität und gestärkten emotionalen Kontrolle einhergehen, die wiederum zu Glück befähigen (Bucher 2009, 62ff.).

Religiosität hat das Potenzial, Glück zu befördern, allerdings umso besser, je stärker sie in der jeweiligen Tradition der Gläubigen verankert und in ihrer Lebenswelt präsent ist. Beim so genannten „Coping", der psychischen Bewältigungsstrategie von schwierigen Ereignissen oder Lebensphasen, zeigte sich die Bedeutung von Religiosität. Es scheint, als würde sie eher zur Bewältigung von Unglück beitragen als zur Generierung von Glück. Dass allerdings auch der gegenteilige Effekt durch Religiosität verursacht werden kann, dass diese nämlich Unglück auslöst, legen mehrere Studien nahe. Sie erklären, wie das aufgrund von Strenggläubigkeit untersagte oder eingeschränkte Genießen beispielsweise sexueller Freuden und das Entwickeln von Schuldgefühlen zumindest das Glücksempfinden und die Fähigkeit zum Glücklichsein vermindern können (Bucher 2009, 120ff.).

Trotz aller seriös gemeinter und nach bestem Wissen und Gewissen durchgeführter Versuche, das „Glück" mit Zollstab, Labortest und Fragebogen in den Griff zu bekommen, bleibt eine gewisse Skepsis: Wenn es schon nicht möglich ist, einen einheitlichen Begriff von „Glück" zu finden, wie sollte sich da der Gegenstand, der sich hinter diesem Begriff versteckt, einer Untersuchung unterziehen lassen, deren Ergebnisse intersubjektiv vergleichbar sind? Und was ließe sich aus diesen Ergebnissen für den konkreten Einzelmenschen ableiten? Ist Glück, oder besser gesagt: die Fähigkeit dazu, nicht zu einem wesentlichen Teil das Ergebnis einer ganz persönlichen Disposition und Entwicklungsgeschichte, die sich nicht in die Kategorien allgemeiner Messbarkeit pressen lassen?

6

Das künstliche Glück: Drogen, Psychopharmaka und Verwandtes

Wenn sämtliche Wege ins reale Glück versperrt sind, hilft nur noch die Flucht in die Fantasie. Der Mensch hat schon immer gerne mit Substanzen experimentiert, die es ihm ermöglichen, dem faden Alltag zu entkommen und sich in eine rauschhafte, zweite Wirklichkeit zu begeben. Alkohol und andere Drogen sind Mittel zu diesem Zweck. Die große Masse liebt und verwendet sie, um dem Leid der eigenen Welt zu entfliehen, wie der feinnervige Einzelgänger, der Künstler und Bohemien, der sich durch ihren Konsum den Eintritt in neue Erkenntnisformen und den Zugang zu genialischer Kreativität verschaffen will. Die harte Landung im Unglück von Sucht, Entzugserscheinungen, Leid und qualvollem Tod erleben beide am Ende. Psychotherapie und die Behandlung mit weiteren Drogen sollen die Rückkehr ins Glück, wenigstens aber eine Reduktion des Unglücks bewirken. Mittels Operationen und – in naher Zukunft – mit Hilfe von Gentechnik will der Mensch dort nachhelfen, wo die Natur versagt hat: Die plastische Chirurgie versucht zu heilen, die Schönheitschirurgie übertritt die Grenze zu fragwürdigen Moden. Wer schön sein will, muss leiden, heißt es. Wie viel Schmerz verträgt das Glück? Dass die moderne Biomedizin den Menschen leistungsfähiger machen wird, ist zu erwarten, aber glücklicher? Virtuelle Realitäten bieten die neuesten Reservate vermuteten Glücks: Wer mit sich selbst unzufrieden ist, kann sich neu erschaffen, wird Schöpfer und Geschöpf in Personalunion. Auch hier bleibt am Ende die Frage mit drohendem Zeigefinger bestehen: Wenn wir es selbst in der Hand haben, auf Knopfdruck „glücklich" zu sein – sollten wir es wollen? Und wer befreit uns aus der Gefangenschaft des Glücks?

Dystopia revisited: Huxleys Szenario

In dem bereits erwähnten Roman „Brave New World" beschreibt Aldous Huxley eine Welt, in der die Menschen (mit Ausnahme von einigen „Wilden", die in Reservaten leben) nicht mehr durch Geschlechtsverkehr gezeugt werden und in den Bäuchen ihrer Mütter heranwachsen. Je nach Bedarf werden sie in einem Brut- und Konditionierungs-Center hergestellt, wachsen in Flaschen heran und werden systematisch auf ihre späteren Einsatzgebiete vorbereitet. So werden künftige Stahlarbeiter bereits an Hitze gewöhnt, um ihre Aufgaben in Folge ohne Murren zu erfüllen. In der aus fünf Kasten bestehenden Gesellschaft werden die Mitglieder der obersten Gruppe, die so genannten Alpha-Plus-Menschen, aufgrund ihrer Intelligenz zu Führern herangezogen. Die Epsilon-Minus-Menschen, die auf der untersten Stufe stehen, verdummt das System künstlich, damit sie für niedere Dienste (zum Beispiel für die Arbeit in Kläranlagen) verwendet werden können und sich ohne Widerrede in ihr Schicksal fügen.

Alle Menschen erhalten eine Gehirnwäsche, schon von klein auf: Die Babys werden mit Elektroschocks und Lärm behandelt, während man ihnen Blumen und Bücher zeigt. Das garantiert, dass ihnen die Liebe zu den einfachen und schönen Dingen des Lebens gründlich vergeht. Allen wird eingetrichtert, dass sie glücklich seien. „Konsum" ist das Credo der schönen, neuen Welt. Trotz der Retortenproduktion neuer Menschen ist der Sex nicht abgeschafft, ganz im Gegenteil: Er fügt sich nahtlos in das Schema dieser Konsumgesellschaft. Jede schläft mit jedem und umgekehrt, dauerhafte Beziehungen oder gar Liebe gibt es nicht. Der 68er-Spruch „Wer zweimal mit derselben pennt, gehört schon zum Establishment!" ist Gesetz in der „Brave New World". In dieser Welt sind alle Menschen glücklich – auf eine künstlich generierte Weise. Selbst die Angst vor dem Tod wird ihnen durch Konditionierung genommen. Alterung und Schmerzen gibt es ebenfalls nicht, auch sie werden pränatal durch medizinische Eingriffe abgeschafft. Dass irgendjemand trotz dieses stromlinienförmigen Designs zum Glück einmal aus der Ordnung fallen und unglücklich werden könnte, ist höchst unwahrscheinlich, denn die Menschen werden mit „Soma" behandelt, einer Droge, deren Konsum glücklich macht.

Hier kommen Technologien zum Einsatz, die bei Entstehung des Romans noch nicht existiert haben. Die pränatale Manipulation des Menschen, heute würden wir dabei wohl eher an Gentechnik denken, gab es damals noch nicht. Mit der heutigen Medizin ist sie prinzipiell möglich, wenn auch aus ethischer Sicht umstritten. Aber nicht alles, was Huxley beschreibt, ist Fiktion. Der Behaviorist John Broadus Watson (1878–1958) hatte in den 1920er Jahren Kleinkinder ähnlichen Experimenten unterzogen, wie dies bei Huxley geschieht (Lück 1996, 121ff.). Auch die Droge „Soma" entspringt nicht der Fantasie des Autors. Das echte Soma ist wahrscheinlich indischen Ursprungs und wurde bereits im „Rig Veda" erwähnt, einem zwischen 1500 und 600 vor Christus verfassten heiligen Text des Hinduismus (Kupfer 1996, 26). Woraus diese Substanz hergestellt wurde und ob sie jemals wirklich in Gebrauch war, ist nicht bekannt. Huxley, der selbst Drogenerfahrungen sammelte und 1964 einen Essay über seine Selbstversuche mit Meskalin verfasste („Die Pforten der Wahrnehmung"; Kupfer 1996, 201ff.), schrieb später: „In den vedischen Hymnen heißt es, dass die Somatrinker in mehrfacher Hinsicht begnadet waren. Ihre Körper wurden gekräftigt, ihre Herzen mit Mut, Freude und Begeisterung erfüllt, ihr Geist wurde erleuchtet, und sie empfingen in einer unmittelbaren Erfahrung des ewigen Lebens die Gewissheit ihrer Unsterblichkeit" (zit. n. Kupfer 1996, 26).

Die technischen, medizinischen und psychologischen Prozeduren, denen die Menschen in „Brave New World" unterzogen werden, stehen ihnen nicht zur freien Wahl. Das System bestimmt über die Individuen und lässt nichts unversucht, ihnen jegliche Individualität auszutreiben bzw. diese gar nicht erst entstehen zu lassen. Durch gezielte Verhinderung all dessen, was auch nur im Ansatz unglücklich machen könnte, und den ergänzenden Einsatz von chemischen Glücksbringern werden Menschen nach Maß gefertigt, unfähig, gegen das System aufzubegehren, unfähig aber auch, zu scheitern. Und die – wobei dies wahrscheinlich das Grauenvollste an diesem Horrorszenario ist – dabei auch noch glücklich sind.

Die Flucht aus der manchmal tristen Realität durch Drogen, Konsum und Zerstreuung, die künstliche Verschönerung oder gar Verbesserung der Welt, sei es durch Veränderung der eigenen Wahrnehmung, sei es durch reale, physische Manipulation ihrer Bewohner in Gestalt von Schönheitsoperationen oder durch den Einsatz anderer Technologien, sie ist längst zur Wirklichkeit geworden. Wobei der Rausch, das chemisch induzierte Glück, keine Erfindung unserer Tage ist. Nur das Portfolio der Substanzen und das Ausmaß ihrer Verbreitung quer durch alle Nationen und Altersschichten haben sich gewandelt. Während die Flucht-Mittel aus der Wirklichkeit zu früheren Zeiten meist bestimmten Menschen vorbehalten waren, beispielsweise Priestern und Schamanen bei der Ausübung ritueller Handlungen oder schwer arbeitenden Erwachsenen, die ihre Müdigkeit und ihren Hunger damit betäubten (Stichwort „Coca-Blätter"), erfassen der Drogenkonsum und die daraus resultierenden Gefahren, von Sucht über systematische Selbstschädigung bis hin zu qualvollem Tod, ein immer breiteres und vor allem jüngeres Publikum gerade auch in der Ersten Welt.

Wirklichkeit und Nebenwirkung: Alkohol, Drogen, Psychopharmaka

Während der Gebrauch von Drogen weit in die Menschheitsgeschichte zurückreicht und nicht vordringlich der zweckfreien Berauschung diente, ist das Phänomen der Sucht wahrscheinlich jüngeren Datums und erst ab dem 15./16. Jahrhundert (durch Verbreitung des Branntweins) für die Phase der Industrialisierung im 19. Jahrhundert und für die Zeit nach dem Ende des Zweiten Weltkriegs überliefert (Ladewig 2002, 9ff.).

Die bei uns am weitesten verbreitete Droge ist der Alkohol. Der Wein als eines der beliebtesten und ältesten alkoholischen Getränke stammt wahrscheinlich aus dem afghanischen Hochland über Mesopotamien. Von dort dürfte er über Ägypten nach Griechenland und schließlich über die Römer zu uns gelangt sein. Schon die ägyptischen Könige der 1. bis 3. Dynastie (3000–2635 v. Chr.) hatten Weingüter. Da Ägypten aber auch reich an Getreide war, reich genug, um die Überproduktion anderweitig zu verwenden, gab es damals bereits Bier, das – im Unterschied zum Wein, der von der Oberschicht genossen wurde – dem einfachen Volk, vor allem den Arbeitern, zur Verfügung stand. Der Rausch war übrigens schon zu jener Zeit verpönt, während der maßvolle Genuss gesellschaftlich anerkannt war. Im antiken Griechenland gab es zwei Arten des Weingenusses: einerseits jenen mit Maß, andererseits den exzessiven, zur Ekstase führenden, dionysischen. Die Römer übernahmen diese Trinkkultur, gegen Ende des Römischen Reiches aber zechten sie oft bis zur Besinnungslosigkeit. Allerdings gibt es auch schon damals Kritik an Alkoholexzessen, wie anhand von Schriften überliefert ist.

Im Mittelalter sah man das Trinken und den Rausch ungezwungener. Letzterer wurde um seiner selbst willen geschätzt. Im 16. und 17. Jahrhundert setzte jedoch ein Kampf gegen Alkoholismus ein, geführt vor allem von Theologen, Juristen und Humanisten. Infolge des Dreißigjährigen Krieges und der Zerstörung der Weinkultur, aber auch mittels gesteigerter Selbstkontrolle durch die Vernunft, ging das Zechen im 17. Jahrhundert zurück. Im 19. Jahrhundert kam es allerdings wieder in Mode, vor allem aufgrund der ausgeprägten sozialen Gegensätze und des steigenden Angebots von Branntwein, der den Arbeitern bei ihren bis zu 15 Stunden dauernden Schichten kostenlos angeboten wurde. Auch Frauen, die in der Uhrenindustrie arbeiteten und häufig starke Kopfschmerzen wegen der anstrengenden feinmechanischen Tätigkeit bekamen, wurden bis Mitte des 20. Jahrhunderts mit Schmerztabletten arbeitsfähig gehalten.

Der Konsum von Cannabis und Opium, sowohl aus kultischen Gründen als auch aus reinem Genuss, geht auf China zurück. Durch arabische Händler dürften diese Drogen auch ihren Weg nach Indien, Persien und Afrika gefunden haben. Morphin, Heroin und Kokain erreichten ebenfalls ab dem 19. Jahrhundert eine weite Verbreitung. War der Alkohol das bevorzugte Berauschungsmittel der Arbeiter, so fanden neben diesem (Stichwort „Absinth", die „grüne Fee") vor allem Opium, Morphium, Kokain und später auch Heroin Einzug in Künstlerkreisen: Novalis, Coleridge, Keats und Baudelaire sind nur einige prominente Namen von jenen, die sich Kreativitätsschübe vom Drogenkonsum erhofften. Maler, Musiker, Schriftsteller, Schauspieler – die Liste der Suchenden ist lang.

Der englische Schriftsteller Thomas De Quincey (1785–1859), der die Welt um seine „Bekenntnisse eines englischen Opiumessers" (1821/22) bereicherte, beschrieb seine Erfolge bei der Behandlung seiner Magenleiden und Depressionen durch den Konsum von Opium: „Nun konnte man für einen Penny die Glückseligkeit kaufen und in der Westentasche bei sich tragen. Verzückungen waren transportabel geworden und ließen sich in kleinen Flaschen verkorken, und Seelenfrieden konnte die Post nun in ganzen Gallonen verschicken" (zit. n. Ladewig 2002, 19). Quincey berichtet aber auch von seinen Versuchen, die Dosis zu reduzieren – und die lesen sich ganz anders als die vorangestellte Beschreibung göttlicher Glückseligkeit: „Veränderungen meiner Träume waren von abgründiger Angst und düsterer Schwermut begleitet, die sich mit Worten nicht schildern lassen. Nacht für Nacht schien ich in Schlünde und sonnenlose Abgründe zu versinken" (zit. n. Ladewig 2002, 20).

Dass Sigmund Freud ein Faible für Kokain hatte, dieses nicht nur als Anästhetikum, sondern auch als Genussmittel verwendete, ist bekannt – und auch, dass er seinen Freund Ernst Fleischl vom Morphinismus „heilte", indem er ihn zum Kokainisten machte. Immer wieder werden Drogen und andere chemische Substanzen zu medizinischen Zwecken verwendet. Neben Morphium, das als Schmerzmittel zum Einsatz kommt, etwa bei Krebspatienten, und Cannabis, das unter anderem auch bei Krebskranken (gegen Übelkeit und Brechreiz) Verwendung findet, sind es vor allem Psychopharmaka, die psychisch kranken (zum Beispiel depressiven) Menschen helfen sollen, ein normales Leben zu führen und vielleicht ein klein wenig glücklicher zu werden.

Psychopharmaka, und hier wiederum verschiedene Arten von Antidepressiva, sind die legalen Pendants auf dem Markt der chemischen Glücksbringer. Auf ärztliche Verordnung hin sollen sie Menschen dort, wo Psychotherapie nicht ausreicht, aus den dunklen Niederungen der durch neurochemische Verstimmungen im Gehirn ausgelösten Depression führen.

In den 1990er Jahren wurde eine Substanz entdeckt, die seither als Antidepressivum millionenfach zum Einsatz kommt. Der Name dieser „Glücksdroge" ist Prozac, das bei uns unter der Bezeichnung Fluctin gehandelt wird. Bei der pharmakologischen Wirksubstanz, dem Fluoxetin, handelt es sich um einen „selektiven Serotonin-Wiederaufnahmehemmer", der die Konzentration dieses Neurotransmitters in der Gewebsflüssigkeit des Gehirns steigert. Die Erfolgsstory von Prozac geisterte durch die Medien, die Wirkungen waren beeindruckend: Während klassische Antidepressiva nur kurzfristige Gemütsaufhellungen bewirkten, wollen Patienten, die mit Prozac behandelt wurden, „nachhaltig glücklich" geworden sein.

Ist mit Prozac somit endlich das Wundermittel für Glückseligkeit gefunden worden? Die anfänglichen Nebenwirkungen, die bei der Einnahme beschrieben wurden – unter anderem Übelkeit und Schlafstörungen –, würden zwar wieder verschwinden und einem Gefühl großen Glücks weichen. Studien belegen tatsächlich, dass Prozac zwei Dritteln aller Patienten geholfen hat, wobei es zum Rückgang von Angststörungen, Depressionen, Panikattacken sowie Ess- und Zwangsstörungen beigetragen hat. Bedenklich trotz dieser zugegebenermaßen positiven Effekte ist eine Reihe unbeabsichtigter Wirkungen, die das eben gewonnene Glück wiederum relativieren könnten – von Reduktion der Libido ist da die Rede, oder davon, dass bei Absetzen der Glücksdroge jene depressiven Verstimmungen wiederkehren, deretwegen sie überhaupt verordnet wurde. Ein weiterer, ziemlich ernster Nebeneffekt von Prozac liegt in einer deutlichen Absenkung der Gedächtnisleistung. Diese dürfte darauf zurückzuführen sein, dass Fluoxetin den Spiegel eines nervalen Wachstumshormons im Hippocampus erhöht (Bucher 2009, 176f.).

Die Effekte von Drogen können mehrheitlich durch ihre Wirkung auf die Übertragung zwischen Nervenzellen zurückgeführt werden. Diese Substanzen imitieren dabei die Funktion der im Gehirn natürlich vorkommenden Überträgerstoffe, der Neurotransmitter. Ihre Aufgabe besteht in der chemischen Weiterleitung des Signals von einem Neuron zum nächsten über den synaptischen Spalt, wobei es aktivierende und hemmende Transmitter gibt. Das präsynaptische Neuron, von welchem der Reiz kommt, schüttet jene Überträgerstoffe aus, die von Rezeptoren am postsynaptischen Neuron aufgenommen werden. Je nach Stoff und den an den Postsynapsen vorhandenen Rezeptoren kommt es dabei zu einer Weiterleitung des Signals oder zu einer Blockade. Die Bilanz aus erregenden und hemmenden Inputs in eine Nervenzelle entscheidet, ob diese feuert und damit den Reiz weitergibt oder nicht. Die in den synaptischen Spalt ausgeschütteten Neurotransmitter werden, kurz nachdem sie ihre Aufgabe erfüllt haben, chemisch zerlegt oder von der Präsynapse wieder aufgenommen. Wird diese Wiederaufnahme verhindert, wird das postsynaptische Neuron zu erhöhtem „Feuern" veranlasst. Kokain beispielsweise verhindert die Wiederaufnahme der Neurotransmitter Dopamin und Noradrenalin durch die Präsynapse (Köhler 2008, 11ff.).

Drogen können zu ganz unterschiedlichen Wirkungen führen: anregenden, entspannenden, sedierenden, das Herz-Kreislauf-System stimulierenden, den Appetit zügelnden, von Angst befreienden, psychedelischen (das bedeutet, bestimmte Wahrnehmungen akzentuierenden) und eben auch euphorisierenden. Letztere Effekte werden bei den meisten Drogen beschrieben, wenn auch in unterschiedlich starker Ausprägung. Der neurochemische Zauberschlüssel zum Verständnis des Mechanismus wurde inzwischen durch Versuche an Ratten entdeckt: Es handelt sich um den Transmitter Dopamin. Euphorisierung dürfte auf verstärktem Feuern von dopaminergen (also durch Dopamin aktivierbaren) Neuronen beruhen.

Ein negativer Effekt regelmäßigen Drogenkonsums ist die so genannte Toleranz und damit verbunden das Auftreten von Entzugserscheinungen. Sie sind nicht nur auf die fehlende Drogenwirkung bei der Dämpfung von Leiden zurückzuführen, die vor dem Erstkonsum bestanden haben und die nach Absetzen wiederkehren, sondern auch auf reale neurochemische Veränderungen durch ihre Verwendung, die teilweise sogar lebensbedrohlich sein können (zum Beispiel das „Delirium tremens" bei Alkoholentzug). Toleranz bedeutet, dass nach mehrmaliger Einnahme der gleichen Dosis die Wirkung geringer ausfällt. Um weiterhin Glücksgefühle zu verspüren, muss daher zu höheren Dosen gegriffen werden. Wenn die Einnahme nach längerem oder regelmäßigem Konsum reduziert oder zur Gänze eingestellt wird, kommt es zu Entzugserscheinungen. Die entsprechenden neurochemischen Vorgänge sind noch nicht eindeutig geklärt, vermutet wird jedoch, dass die konstante Verabreichung von Drogen zu Gegenmaßnahmen durch den Körper führen, die bei Absetzen ein Ungleichgewicht bewirken, das als Entzugssymptomatik erlebt wird.

Die Abhängigkeit von Drogen wird durch die Wissenschaft auf vielfältige Weise begründet, wobei keine dieser Erklärungen bisher befriedigend ist: Lerntheoretische Modelle sprechen von einem positiv verstärkenden Effekt durch die angenehmen Gefühle, die aus dem Konsum resultieren. Andererseits könnten die negativen Effekte, also die Entzugssymptome, verstärkend im Hinblick auf die weitere Einnahme zwecks Verhinderung der unangenehmen Gefühle wirken. Die psychoanalytische Annahme des „oralen Charakters" ist nicht ausreichend belegt, während Korrelationen zwischen bestimmten Persönlichkeits- und Verhaltensmerkmalen auf der einen und Suchtverhalten auf der anderen Seite sehr wohl zu bestehen scheinen. Biologische Modelle sprechen von genetischer Disposition, die sich zum Beispiel in besonderer Empfänglichkeit für die angenehmen Wirkungen einer bestimmten Substanz niederschlägt (Köhler 2008, 20ff.). Das chemisch induzierte Glück ist jedenfalls ein Danaergeschenk. In seinem Inneren verbirgt sich die Gefahr neuen, manchmal sogar noch größeren Unglücks.

Operation Glück 2.0: Medizin, Internet

Dem Glück auf die Sprünge helfen, indem sie das äußere Erscheinungsbild oder die eigenen Fähigkeiten manipulieren, wollten die Menschen schon immer. Kosmetische Eingriffe, ja, selbst die Schönheitschirurgie haben eine sehr lange Tradition. Dass dabei nicht immer therapeutische Ziele im Mittelpunkt standen, also die Absicht, Menschen von Krankheiten zu heilen oder Schmerzen zu lindern, belegt die im alten China an Frauen schon im Kindesalter vorgenommene künstliche Verkrüppelung der Füße. Von solchen Schönheitsidealen haben wir uns zwar mittlerweile entfernt, nicht zuletzt deshalb, weil sie uns als barbarisch erscheinen und meist nicht auf Freiwilligkeit beruhten. Aber die – wenn auch mit Einverständnis der Betroffenen – vorgenommenen Tätowierungen, Piercings, „Dermal Anchors" (Implantate unter der

Haut, auf die außenseitig wechselnder Schmuck aufgesetzt werden kann), „Brandings" (das Zufügen von „ästhetischen" Brandnarben auf der Haut), „Cuttings" (dabei sollen durch Ritzen der Haut mittels Skalpell später Narben in Form eines bestimmten Motivs zurückbleiben), Zungenspaltungen (!) und anderen Methoden, die derzeit gerne zur Anwendung kommen, sind auch nicht ganz ohne.

Brustvergrößerungen, Schamlippenverkleinerungen, Nasenkorrekturen, Fettabsaugungen an Bauch, Bein, Po, das Straffen der Gesichtshaut, Aufspritzen der Lippen usw. gehören heute zum Standardrepertoire vieler Schönheitschirurgen. Die Grenzen zwischen medizinischer Indikation (um rein physische und daraus vielleicht auch zusätzlich resultierende psychische Beeinträchtigungen zu beheben) und Modeerscheinung verschwimmen dabei zusehends. Ob eine Verschönerung glücklicher macht? Die dazu vorliegenden Studien können das nicht bestätigen. Zwar gibt es kurzfristige Effekte, doch schon bald setzt die Gewöhnung ein. Ob Schmerzen und Kosten den Nutzen wert sind, ist zweifelhaft (Bucher 2009, 89ff.). Dass es schöne Menschen, was immer damit auch gemeint sein mag, in unserer Gesellschaft gelegentlich leichter haben, mag zutreffen. Allerdings sollte man ergänzen, dass sich das Blatt schnell wieder wenden kann, wenn die Schönheitsideale sich wandeln. Und dass die Anerkennung, die schönen Menschen aufgrund ihres Äußeren entgegengebracht wird, zu nachhaltigem Glück führt, ist fraglich. Außerdem: Eine schiefe Nase kann ihren Besitzer unglücklich machen. Aber eine korrigierte Nase bedeutet nicht automatisch die Eintrittskarte in ein neues, von purem Glück erfülltes Leben.

Tag für Tag verfeinern wir unsere Technologien und werden vielleicht schon in naher Zukunft weniger zum Chirurgen mit seinem Skalpell als zum Gentechniker mit seinem Labor pilgern, der uns selbst und unsere Kinder schon vor deren Geburt den aktuell geltenden Schönheitsidealen anpasst. Auch hier liegen Wahn und Wunder nahe beieinander, denn dass etwa die PID (Präimplantationsdiagnostik) es ermöglicht, Erbkrankheiten rechtzeitig zu erkennen, mag ein Vorteil sein – nicht zuletzt für den heranwachsenden Menschen. Die pränatale Auswahl von Augen- oder Haarfarbe, weil dies aktuellen Moden entspricht, und etwaige Zerstörung nicht genehmer Zygoten scheint da schon etwas fragwürdiger. Wie steht es um die Leistungssteigerung durch Gentechnik, Bioimplantate, Prothetik? Auch hier gilt: Vieles von dem, was wir bereits heute oder in naher Zukunft machen können, wird kranken oder behinderten Menschen dabei helfen, ihr

Stück vom Glück abzubekommen. Der Computerchip im Hirn, auf den wir Fremdsprachen oder andere Fertigkeiten hochladen, bevor wir auf Reisen gehen oder uns um einen neuen Job bewerben, ist noch Zukunftsmusik. Chips im Gehirn von Parkinsonpatienten, „Hirnschrittmacher", gibt es aber schon jetzt (Gesang 2007, 8). Die Entwicklung unserer Technologien kann uns helfen, sie kann aber auch dazu dienen, eine seltsame, sich immer weiter beschleunigende Entwicklung anzukurbeln: Schneller, stärker, größer, schöner – aber glücklicher?

Mit Erfindung des Computers und des Internets wurde eine Entwicklung eingeleitet, die ganz neue Möglichkeiten der Flucht aus der Wirklichkeit bietet: virtuelle Realitäten, wo echte Menschen in künstlicher, oder anders formuliert: in künstlich verbesserter Gestalt, anderen virtuellen Menschen begegnen, um gemeinsam virtuelle Tätigkeiten auszuüben, die zu echten Glücksgefühlen führen. „Second Life" bringt die Pointe dieser Möglichkeiten perfekt zum Ausdruck (Lober 2007). Wer oder was und vor allem wie glücklich wir in unserem ersten, echten Leben sind, mag nicht immer in unseren Händen liegen. Dass unsere zweite, von uns selbst künstlich geschaffene Realität jedoch unsere kühnsten Fantasien befriedigen kann, indem sie diese ganz einfach wahr werden lässt, vollbringt das Wunder schlechthin: Wir erfinden und erschaffen uns selbst neu. Damit ist „Glück" ab sofort nur mehr ein paar Mausklicks entfernt. Wie sich die virtuelle Interaktion von Menschen über diverse elektronische Kommunikationsplattformen (Stichwort „Facebook") langfristig auf die Realität, auf die Menschen selbst und auf ihren Umgang miteinander auswirken wird, lässt sich jetzt noch nicht abschätzen. Was alle diese Technologien mit uns machen und machen können, wird wohl in erster Linie davon abhängen, wie sehr wir uns von ihnen bestimmen lassen.

Ob wir durch die vielfältigen Möglichkeiten, auf künstlichem Wege Glück zu generieren, aber nun tatsächlich glücklicher werden? Oder werden wir nicht viel eher in Gefahr geraten, zu verhungern und zu verdursten wie jene berühmten Ratten in den Experimenten des US-amerikanischen Psychologen James Olds (1922–1976) Mitte der 1950er Jahre (Bucher 2009, 55f.)? Olds hatte den Tieren Elektroden ins Gehirn eingepflanzt, mit welchen sie über einen Druckknopf ihr Glückszentrum stimulieren und sich dadurch selbst Glücksgefühle verschaffen konnten. Die Ratten betätigten den Knopf auch dann noch, als sie Hunger und Durst litten. Werden wir Menschen auf unserer verzweifelten Suche nach Glück in der Lage sein, die Experimente, die wir an uns selbst vornehmen, rechtzeitig abzubrechen?

Anhang

Literatur

Aristoteles: Nikomachische Ethik. Übers. und Nachw. von Franz Dirlmeier, Anm. von Ernst A. Schmidt. Stuttgart: Reclam 1992.

— Politik. Schriften zur Staatstheorie. Hg. und übers. von Franz F. Schwarz. Stuttgart: Reclam 1993.

Asanger, Roland / Wenninger, Gerd (Hg.): Handwörterbuch Psychologie. Digitale Bibliothek. Bd. 23. Berlin: Directmedia 2004.

Augustinus: De beata vita. Über das Glück. Übers., Anm. und Nachw. von Ingeborg Schwarz-Kirchenbauer und Willi Schwarz. Stuttgart: Reclam 1989.

Auhagen, Ann Elisabeth (Hg.): Positive Psychologie. Anleitung zum besseren Leben. Weinheim–Basel: Beltz 2008.

Bächli, Andreas / Graeser, Andreas: Grundbegriffe der antiken Philosophie. Ein Lexikon. Stuttgart: Reclam 2000.

Bacon, Francis: Neu-Atlantis. Hg. und durchges. von Jürgen Klein. Stuttgart: Reclam 2007.

Bauer, Wolfgang / Zerling, Clemens: Das Lexikon der Orakel. Der Blick in die Zukunft. München: Atmosphären 2004.

Bibel, Die. Altes und Neues Testament. Einheitsübersetzung. Freiburg/Br.: Herder 1980.

Bloch, Ernst: Das Prinzip Hoffnung. 3 Bde. Frankfurt/M.: Suhrkamp 1993.

Blum, Wolfgang: Schnellkurs Mathematik. Köln: DuMont 2007.

Brackert, Helmut: Das große deutsche Märchenbuch. Düsseldorf: Albatros 2002.

Braun, Hans-Jürg: Das Jenseits. Die Vorstellungen der Menschheit über das Leben nach dem Tod. Zürich–Düsseldorf: Artemis & Winkler 1996.

Brocker, Manfred (Hg.): Geschichte des politischen Denkens. Ein Handbuch. Frankfurt/M.: Suhrkamp 2007.

Bucher, Anton A.: Psychologie des Glücks. Handbuch. Weinheim–Basel: Weltz 2009.

Cadoz, Claude: Die virtuelle Realität. Übers. von Swantje Schulze. Bergisch Gladbach: Lübbe 1998.

Campanella, Tomaso: Die Sonnenstadt. Übers., Nachw. und hg. von Christiane Wyrwa. München: scaneg 1988.

Camus, Albert: Hochzeit des Lichts. Heimkehr nach Tipasa. Impressionen am Rande der Wüste. Übers. von Peter Gan und Monique Lang. Zürich–Hamburg: Arche 2000.

Cicero: Vom höchsten Gut und vom größten Übel. Übers. und eingel. von Otto Büchler. Bremen: Schünemann 1957.

— Gespräche in Tusculum. Übers., Einf. und Erl. von Olof Gigon. München: dtv 1991.

Csikszentmihalyi, Mihaly: Flow. Das Geheimnis des Glücks. Übers. von Annette Charpentier. Stuttgart: Klett-Cotta 2008.

Decorte, Jos: Eine kurze Geschichte der mittelalterlichen Philosophie. Übers. von Inigo Bocken und Matthias Laarmann. Paderborn: Schöningh 2006.

Dessau, Bettina / Kanitscheider, Bernulf: Von Lust und Freude. Frankfurt/M.: Insel 2000.

Devlin, Keith: Pascal, Fermat und die Berechnung des Glücks. Eine Reise in die Geschichte der Mathematik. Übers. von Enrico Heinemann. München: Beck 2009.

Dinzelbacher, Peter (Hg.): Europäische Mentalitätsgeschichte. Stuttgart: Kröner 1993.

Diogenes Laertios: Leben und Lehre der Philosophen. Hg. und übers. von Fritz Jürß. Stuttgart: Reclam 1998.

Duden: Das Herkunftswörterbuch. Etymologie der deutschen Sprache. Mannheim: Bibliographisches Institut 2001.

Düwell, Marcus / Hübenthal, Christoph / Werner, Micha H. (Hg.): Handbuch Ethik. Stuttgart: Metzler 2006.

Epiktet: Handbüchlein der Moral und Unterredungen. Hg. von Heinrich Schmidt. Stuttgart: Kröner 1959.

Epikur: Von der Überwindung der Furcht. Katechismus. Lehrbriefe. Spruchsammlung. Fragmente. Hg. von Olof Gigon. München: dtv 1985.

— Briefe, Sprüche, Werkfragmente. Hg. von Hans-Wolfgang Krautz. Stuttgart: Reclam 1989.

Erler, Michael: Platon. München: Beck 2006.

Fellmann, Ferdinand: Philosophie der Lebenskunst. Zur Einführung. Hamburg: Junius 2009.

Figal, Günter: Sokrates. München: Beck 1995.

Flasch, Kurt: Das philosophische Denken im Mittelalter. Von Augustin zu Machiavelli. Stuttgart: Reclam 1988.

Fleischer, Helmut: Marx und Engels. Die philosophischen Grundlinien ihres Denkens. Freiburg/Br.–München: Alber 1974.

Forschner, Maximilian: Über das Glück des Menschen. Aristoteles, Epikur, Stoa, Thomas von Aquin, Kant. Darmstadt: Wissenschaftliche Buchgesellschaft 1993.

— Thomas von Aquin. München: Beck 2006.

Frankl, Viktor E.: Paradoxien des Glücks. In: Was ist Glück? Ein Symposion. München: dtv 1976.

Freud, Sigmund: Abriß der Psychoanalyse. Das Unbehagen in der Kultur. Frankfurt/M.: Fischer 1993.

Freund, Winfried: Das Märchen. Hollfeld: Bange 2003.

Freyer, Hans: Die politische Insel. Eine Geschichte der Utopien von Platon bis zur Gegenwart. Wien: Karolinger 2000.

Fritz-Schubert, Ernst: Schulfach Glück. Wie ein neues Fach die Schule verändert. Freiburg/Br.: Herder 2009.

Gerhardt, Volker: Friedrich Nietzsche. München: Beck 1992.

Gesang, Bernward: Perfektionierung des Menschen. Berlin: de Gruyter 2007.

Gloy, Karen: Die Geschichte des wissenschaftlichen Denkens. München: Beck 1995.

Gnüg, Hiltrud: Utopie und utopischer Roman. Stuttgart: Reclam 1999.

Goethe, Johann Wolfgang: Faust. Der Tragödie Erster und Zweiter Teil. Frankfurt/M.: Insel 1998.

Grün, Klaus-Jürgen: Schopenhauer. München: Beck 2000.

Hampe, Michael: Das vollkommene Leben. Vier Meditationen über das Glück. München: Hanser 2009.

Herodot: Neun Bücher zur Geschichte. Einl. von Lars Hoffmann. Wiesbaden: Marix 2007.

Hesiod: Werke und Tage. In: Werke in einem Band. Übers. von Luise und Klaus Hallof. Berlin–Weimar: Aufbau 1994.

Höffe, Otfried: Immanuel Kant. München: Beck 1992.

— Aristoteles. München: Beck 1996.

— (Hg.): Einführung in die utilitaristische Ethik. Tübingen: Franke 2003.

— Aristoteles-Lexikon. Kröner: Stuttgart 2005.

— Lebenskunst und Moral. Oder macht Tugend glücklich? München: Beck 2007.

Homer: Odyssee. In: Werke in zwei Bänden. Übers. von Dietrich Ebener. Berlin–Weimar: Aufbau 1976.

Horn, Christoph: Augustinus. München: Beck 1995.

— Antike Lebenskunst. Glück und Moral von Sokrates bis zu den Neuplatonikern. München: Beck 1998.

— / Rapp, Christof (Hg.): Wörterbuch der antiken Philosophie. München: Beck 2008.

Hossenfelder, Malte: Epikur. München: Beck 1991.

— Antike Glückstheorien. Quellen in deutscher Übersetzung. Stuttgart: Kröner 1996.

Hügli, Anton / Lübcke, Poul (Hg.): Philosophielexikon. Personen und Begriffe der abendländischen Philosophie von der Antike bis zur Gegenwart. Reinbek bei Hamburg: Rowohlt 1997.

Irmscher, Johannes (Hg.): Lexikon der Antike. Digitale Bibliothek. Bd. 18. Berlin: Directmedia 1999.

Kant, Immanuel: Metaphysik der Sitten. In: ders.: Werkausgabe. Bd. VIII. Hg. von Wilhelm Weischedel. Frankfurt/M.: Suhrkamp 1991.

— Kritik der praktischen Vernunft. Grundlegung zur Metaphysik der Sitten. In: ders.: Werkausgabe. Bd. VII. Frankfurt/M.: Suhrkamp 1993.

— Metaphysische Anfangsgründe der Naturwissenschaft. In: ders.: Werkausgabe. Bd. IX. Frankfurt/M.: Suhrkamp 1996.

Kersting, Wolfgang / Langbehn, Claus (Hg.): Kritik der Lebenskunst. Frankfurt/M.: Suhrkamp 2007.

Keuth, Herbert: Die Philosophie Karl Poppers. Tübingen: Mohr Siebeck 2000.

Kippenberg, Hans G. / Seidensticker, Tilman (Hg.): Terror im Dienste Gottes. Die „Geistliche Anleitung" der Attentäter des 11. September 2001. Frankfurt/M.: Campus 2004.

Kirk, Geoffrey S. / Raven, John E. / Schofield, Malcolm (Hg.): Die vorsokratischen Philosophen. Einführung, Texte und Kommentare. Übers. von Karlheinz Hülser. Stuttgart: Metzler 2001.

Kloft, Hans: Mysterienkulte der Antike. Götter. Menschen. Rituale. München: Beck 1999.

Klopfer, Max: Ethik-Klassiker von Platon bis John Stuart Mill. Ein Lehr- und Studienbuch. Stuttgart: Kohlhammer 2008.

Köhler, Thomas: Rauschdrogen. Geschichte, Substanzen, Wirkung. München: Beck 2008.

Koran, Der. Kreuzlingen–München: Hugendubel 2003.

Koselleck, Reinhart: Zur Verzeitlichung der Utopie. In: Braun, Hans-Jürg (Hg.): Utopien. Die Möglichkeit des Unmöglichen. Zürich: Fachvereine 1987.

Krauss, Heinrich: Das Paradies. Eine kleine Kulturgeschichte. München: Beck 2004.

Kupfer, Alexander: Göttliche Gifte. Kleine Kulturgeschichte des Rausches seit dem Garten Eden. Stuttgart: Metzler 1996.

Kutz, Rudolf: Theorie und Anwendungsbereiche der Analytischen Soziologie. Habilitationsschrift. München: GRIN 2004.

Ladewig, Dieter: Sucht und Suchtkrankheiten. Ursachen, Symptome, Therapien. München: Beck 2002.

Lang, Bernhard / McDannell, Colleen: Der Himmel. Eine Kulturgeschichte des ewigen Lebens. Frankfurt/M.: Insel 1996.

— Himmel und Hölle. Jenseitsglaube von der Antike bis heute. München: Beck 2003.

Lober, Andreas: Virtuelle Welten werden real. Second Life, World of Warcraft & Co: Faszination, Gefahren, Business. Hannover: Heise 2007.

Long, Anthony A. (Hg.): Frühe Griechische Philosophie. Von Thales bis zu den Sophisten. Übers. von Karlheinz Hülser. Weimar: Metzler 2001.

— / Sedley, David N. (Hg.): Die hellenistischen Philosophen. Texte und Kommentare. Übers. von Karlheinz Hülser. Stuttgart: Metzler 2006.

Lück, Helmut E.: Geschichte der Psychologie. Stuttgart–Berlin–Köln: Kohlhammer 1996.

Marx, Karl / Engels, Friedrich: Manifest der kommunistischen Partei. Stuttgart: Reclam 2009.

Maslow, Abraham H.: Psychologie des Seins. Ein Entwurf. Übers. von Paul Kruntorad. München: Kindler 1973.

— Motivation und Persönlichkeit. Übers. von Paul Kruntorad. Olten: Walter 1977.

McGreal, Rory / Joseph, Stephen: The Depression-Happiness Scale. In: Psychological Reports, 73, 1993.

Meier, Christian: Erinnern – Verdrängen – Vergessen. In: Merkur, 570/571, 1996.

Meißner, Joachim / Meyer-Kahrweg, Dorothee / Sarkowicz, Hans (Hg.): Gelebte Utopien. Alternative Lebensentwürfe. Frankfurt/M.–Leipzig: Insel 2001.

Mill, John Stuart: Der Utilitarismus. Übers., Anm. und Nachw. von Dieter Birnbacher. Stuttgart: Reclam 1991.

Moritz, Lukas (Hg.): Die Sprichwörter der Welt. Köln: Anaconda 2006.

Morris, Desmond: Glücksbringer und ihre geheimnisvollen Kräfte. Übers. von Antoinette Glittinger. München: Heyne 2000.

Morus, Thomas: Utopia. Übers. von Alfred Hartmann. Basel: Diogenes 1981.

Müller-Kaspar, Ulrike (Hg.): Das große Handbuch des Aberglaubens. Von Aal bis Zypresse. Wien: tosa 2007.

Neusüß, Arnhelm (Hg.): Utopie. Begriff und Phänomen des Utopischen. Frankfurt/M.: Campus 1986.

Nietzsche, Friedrich: Götzen-Dämmerung. In: ders.: Sämtliche Werke. Kritische Studienausgabe. Bd. 6. Hg. von Giorgio Colli und Mazzino Montinari. Berlin: de Gruyter 1988.

Ottmann, Henning: Geschichte des politischen Denkens. Die Neuzeit. Bd. 3/1: Von Machiavelli bis zu den großen Revolutionen. Stuttgart: Metzler 2006.

— Geschichte des politischen Denkens. Die Neuzeit. Bd. 3/3: Die politischen Strömungen im 19. Jahrhundert. Stuttgart: Metzler 2008.

Ovid: Werke in zwei Bänden. Hg. von Liselot Huchthausen, übers. von Reinhart Suchier u. a. Berlin: Aufbau 1973.

Peters, Ulrike: Schnellkurs Esoterik. Köln: DuMont 2005.

Pico della Mirandola, Givovanni: De hominis dignitate. Über die Würde des Menschen. Hg. und eingel. von August Buck. Hamburg: Meiner 1990.

Pieper, Annemarie: Glückssache. Die Kunst, gut zu leben. Hamburg: Hoffmann & Campe 2001.

Pindar: Dichtungen. Hg. von Wilhelm Haupt, übers. und erl. von Franz Dornseiff. Leipzig: Insel 1965.

Platon: Sämtliche Werke in zehn Bänden. Griechisch und Deutsch. Hg. von Karlheinz Hülser, nach der Übers. von Friedrich Schleiermacher, erg. durch Übers. von Franz Susemihl u. a. Frankfurt/M.: Insel 1991.

— Politeia. Hg. und übers. von Karl Vretska. Stuttgart: Reclam 1991a.

Popper, Karl: Das Elend des Historizismus. Hg. von Erik Boettcher. Tübingen: Mohr Siebeck 1987.

— Die offene Gesellschaft und ihre Feinde. 2 Bde. München: Siebeck 1992.

Prechl, Peter / Burkhard, Franz-Peter (Hg.): Metzler Lexikon Philosophie. Stuttgart: Metzler 2008.

Ramm, Thilo (Hg.): Der Frühsozialismus. Ausgewählte Quellentexte. Stuttgart: Kröner 1956.

Rapp, Christoph: Vorsokratiker. München: Beck 1997.

Ricken, Friedo: Antike Skeptiker. München: Beck 1994.

— Religionsphilosophie. Stuttgart: Kohlhammer 2003.

Rinderle, Peter: John Stuart Mill. München: Beck 2000.

Rippe, Klaus Peter / Schaber, Peter (Hg.): Tugendethik. Stuttgart: Reclam 1998.

Saage, Richard: Politische Utopien der Neuzeit. Bochum: Winkler 2000.

— Utopische Profile. Bd. IV: Widersprüche und Synthesen des 20. Jahrhunderts. Münster: LIT 2003.

Schäfer, Lothar: Karl R. Popper. München: Beck 1992.

Schaub, Horst / Zenke, Karl G. (Hg.): dtv-Wörterbuch Pädagogik. Digitale Bibliothek. Bd. 65. Berlin: Directmedia 2002.

Scherf, Walter: Das Märchenlexikon. 2 Bde. München: Beck 1995.

Schmid, Wilhelm: Philosophie der Lebenskunst. Eine Grundlegung. Frankfurt/M.: Suhrkamp 1998.

Schopenhauer, Arthur: Die Welt als Wille und Vorstellung. In: ders.: Sämtliche Werke. Bd. 1. Hg. von Wolfang Frhr. von Löhneysen. Frankfurt/M.: Suhrkamp 1993.

Seel, Martin: Versuch über die Form des Glücks. Frankfurt/M.: Suhrkamp 1999.

Seligman, Martin E. P.: Positive Psychology, positive prevention, and positive therapy. In: Snyder, Charles R. / Lopez, Shane J. (Hg.): Handbook of positive psychology. Oxford: University 2002.

— Der Glücksfaktor. Warum Optimisten länger leben. Übers. von Siegfried Brockert. Bergisch Gladbach: Ehrenwirth 2003.

Seneca: Vom glückseligen Leben. Auswahl aus seinen Schriften. Hg. von Heinrich Schmidt. Stuttgart: Kröner 1959.

Stammen, Theo / Riescher, Gisela / Hofmann, Wilhelm (Hg.): Hauptwerke der politischen Theorie. Stuttgart: Kröner 1997.

Steenblock, Volker (Hg.): Grundpositionen und Anwendungsprobleme der Ethik. Kolleg Praktische Philosophie. Bd. 2. Stuttgart: Reclam 2008.

— (Hg.): Zeitdiagnose. Kolleg Praktische Philosophie. Bd. 3. Stuttgart: Reclam 2008.

Steinwede, Dietrich / Först, Dietmar: Die Jenseitsmythen der Menschheit. Düsseldorf: Patmos 2005.

Steurer, Siegfried: Schöne neue Wirklichkeiten. Die Herausforderung der virtuellen Realität. Wien: WUV 1996.

Stevenson, Leslie / Habermann, David L.: Zehn Theorien zur Natur des Menschen. Konfuzianismus, Hinduismus, Bibel, Platon, Aristoteles, Kant, Marx, Freud, Sartre, Evolutionstheorien. Übers. von Nikolaus de Palézieux. Stuttgart: Metzler 2008.

Thomä, Dieter: Vom Glück in der Moderne. Frankfurt/M.: Suhrkamp 2003.

Tugendhat, Ernst: Vorlesungen über Ethik. Frankfurt/M.: Suhrkamp 1993.

Vorgrimler, Herbert: Geschichte des Paradieses und des Himmels. München: Fink 2008.

Voßkamp, Willhelm (Hg.): Utopieforschung. Interdisziplinäre Studien zur neuzeitlichen Utopie. 3 Bde. Frankfurt/M.: Suhrkamp 1985.

Weinkauf, Wolfgang (Hg.): Die Stoa. Kommentierte Werkausgabe. Augsburg: Pattloch 1994.

Wetz, Franz Josef (Hg.): Ethik zwischen Natur und Kulturwissenschaft. Kolleg Praktische Philosophie. Bd. 1. Stuttgart: Reclam 2008.

— (Hg.): Recht auf Rechte. Kolleg Praktische Philosophie. Bd. 4. Stuttgart: Reclam 2008.

Zimmer, Robert: Die europäischen Moralisten. Zur Einführung. Hamburg: Junius 1999.

Personenregister